ポジティブシフト

POSITIVE SHIFT

最高の人生のつくり方

宮下大和

SOGO HOREI PUBLISHING CO., LTD

はじめに

周りに振り回されない。

縛られない。

自分らしく自由に生きたい。


この本を手にとってくださったあなたは、きっとそう思っていることでしょう。ちまたには、「自由」を手に入れるための情報が溢れています。それでもあなたは自由ではないと感じている。なぜ、自由に生きられないのでしょうか？

まずは「自由」とは何かについて、考えてみたいと思います。


僕はたくさんの挑戦と失敗を繰り返して、憧れの「自由」を手に入れました。その結果、現在お金の心配は無用です。

朝起きたらその日の気分に合わせて、お気に入りのラフなTシャツに袖を通します。

食事は、好きなお店で値段を気にせずメニューを選びます。

仕事する場所も僕の気分次第で決めるので、オシャレなカフェはもちろん、海外のビーチサイドで海を眺めながらすることもあります。特に波の音を聞きながらの仕事は最高です！

決められた時間に眠い目をこすりながら起き、窮屈なスーツを着る。月1万円のお小遣いで選べる範囲で食べるものを決める。そして、自分のことを「歯車の一つ」と感じてしまうような仕事の日々。いままでは、そんな3年前の僕が感じていたような「縛り」は一切ありません。まるで毎日が夏休みのように、一日を思い通りに楽しんでいます。自分で選択できる瞬間に幸せを感じます。

では自由とは何か？　お金が好きに使えることでしょうか？　場所や時間に縛られないことでしょうか？　付き合いたい人とだけ付き合うことでしょうか？

それは確かに「自由」ですが、自由の本質ではありません。

自由とは、たとえ「普通」や世間の大多数の意見と違ったとしても、自分軸で選ぶこと、自らが本当に望むものを選択できること――それが「自由」です。

自由に生きると、誰かから嫌われたり、反対されたりすることもあります。誰かの迷惑になってしまうということも当然あるでしょうし、意見が対立したりすることもあるでしょう。いわれのない誹謗中傷だって受けるかもしれません。

しかし本当に自由になるには、そうしたことを受け入れる「嫌われる覚悟」が必要です。換言すれば、**「嫌われてでも自由になりたい」という気持ちがなければ、自由にはなれない**と僕は思っています。**周りの目を気にして、「嫌われたくない」と思うほど「不自由」がどんどん迫ってきます。**

僕はいつの頃からか、「どうにかして自由になりたい」と思うようになりました。当時はいまのように、自由とは何かを言葉にはできませんでした。しかし、誰かに決められた枠の中で生きる毎日に、言いようのない窮屈さを感じていました。

「お金さえあれば」と思う人もいるかもしれません。しかし、きっといまのままお金だけ渡されても、あなたは自由にはなれないでしょう。なぜなら、あなたの意識はお金に縛られたままだからです。

以前の僕は、お金に縛られていました。「お金のため」に働き、何をするにも、「お金の範囲内」でしかできません。

「自由に生きる」というのは、「贅沢をする」ということではありません。**お金を基準にして生きることをやめ、お金からも自由になるということです。**

このお金との関係性をしっかり意識している人は案外少ないかもしれません。

僕が人生を変えたいと思った理由は「お金が欲しいから」ではありません。僕にあったのは「自由に生きたい」という思いだけでした。そのために自分を変え、お金との関係性を立て直したというのが実際のところです。

このように書くと、なんだかすごい才能のある人か、メンタルの強い人なのかと思われるかもしれませんが、そんなことはありません。むしろ、僕は平凡体質の人間だと思っています。

家族は自己主張の強い面々でしたが、比較的平均的と言える家庭で生まれ育ち、成績も普通。秀でた特技があるわけでもありません。野球が大好きで高校まで続けていましたが、「弱小高校ではエースでも、強豪校では活躍できない」というレベルです。

地元・山梨県の大学を出て、地元の企業に就職。会社員として頑張ろうとするものの、すぐ挫折してうまくいかず、1年や半年という短い期間で転職を繰り返しました。脱サラして整体師になったときは、余裕のある収入を得られるようになりましたが、副業で始めたネットワークビジネスもインターネットビジネスも全く結果を出せずじまい。そんな、自分で何かを成し遂げたことのない人間でした。

それでも「自由に自分らしく生きたい」という気持ちだけを頼りに、試行錯誤し続けてきました。

ごくごく平均的な人が20代、30代で月収100万～200万円稼ぐには、「普通のこと」をやっているだけでは絶対に無理です。

よほどの天才か、勉強やスポーツなどで学生時代に何かしら結果を残しているような人なら可能かもしれません。でも、普通の人は無理です。もしかしてあなたも、このように考えて、変わることを諦めかけてしまっているのではないでしょうか。

ただしこれは、逆に言えば**平々凡々な人間でも、「いつもどおりの一日」を変えていけば、そこから抜け出せる**ということです。

僕がこの本を書こうと思ったのは、どこにでもいる普通の人でも自由になりたいという気持ちを持ち続け、ほんのちょっと考え方を変えるだけで誰でも大きな一歩を踏み出せること、そして成功する可能性があることをお伝えしたかったからです。超有名な大学を出たわけでもない、習い事やスポーツで実績を残した人でもない、ごくごく普通の人でも、やり方しだいで自由な生活を送れるようになれるのです。

世の中には多くの成功ハウツー本がありますが、「具体的なイメージが湧かない」「難しくてわかりづらい」というものも少なくありません。この本では、僕のリアルな体験を通じて、イメージの湧きやすいわかりやすい説明をしています。

あなたはいま、幸せですか？　**もしいまの毎日を変えたいと思うなら、悩んでる暇はありません。そのエネルギーを行動に変えて、1ミリでも前に進んでみませんか？**

いまは平凡だけど、人生を変えて自由になりたい——そんな思いを持ったあなたが一歩踏み出すために必要な言葉を届けられれば幸いです。

POSITIVE SHIFT
ポジティブシフト

もくじ

第1章

本当の望みとは？ 思い通りの未来をイメージする力

第2章

「しかたない」で諦めて、挫折続き……不平不満ばかりの頃

第5章

人は一人では頑張れない
誰かを応援する幸せ

ブックデザイン　小口翔平＋喜來詩織（tobufune）
校正　池田研一
DTP・図表制作　横内俊彦

第1章

本当の望みとは？
思い通りの未来をイメージする力

自分で決められる自由

この本では、みなさんが自らのリミッターを外し、自由に生きるための具体的な方法を一つずつ説明していきたいと思います。本章ではその前に、自由に生きるとはどういうことなのか？　その心構えとして考えていただきたいことを、いくつか解説させてください。

まず最初に、いま僕がどんな暮らしをしているかをお話ししましょう。

僕は基本的に、ルールでかっちり決められた生活が苦手です。わかりやすいのは「会社」です。朝起きる時間、家を出る時間、退社する時間、ひいては寝る時間も遊ぶ時間も、会社基準で決めなければいけません。

誰と仕事するかも決められません。好きじゃない上司もいれば、尊敬できない先輩もいる。仕事内容も含めて、**「自分で決める」ということが難しい生活**です。

僕は、それがすごく嫌でした。

いまは、そういう過去のどうしても苦手だったものとは無縁の生活ができています。

朝起きる時間も自分で決められるし、寝たいときに寝ることもできます。

僕は寝るのが大好きで、ゆっくり寝たいときは昼頃まで寝ています。早起きしたいとき、仕事のモチベーションが上がっているときは朝早く起きます。昼間ちょっと疲れたなと思ったら昼寝をします。ぐっすりと、もう目覚ましなしで寝たいときは、心ゆくまでとことん寝ることもあります。自分のペースで生活ができるのは本当に最高です。

「高いからやめておこう」という不自由

食べ物についても同じです。

会社に勤めていたときは、時間も限られているので、昼食はコンビニのお弁当や、会社の近くのお店しか選択肢はありませんでした。

でもいまは、食べたいものを食べたい場所で自由に食べています。京都で懐石料理が食べたいと思ったら、新幹線に乗って食べに行きます。北陸でカニ漁が解禁になれば、飛行機で食べに行きます。もちろん、都内でも家の近所でも、気になるお店があればすぐ行って、好きなものを食べます。

お金との関係性を変える

誤解してほしくないのは、僕は贅沢がしたいのではありません。高いものが食べたいのではなく、「『おいしそう』『食べたい』と思ったものが食べられる」ということが重要です。**「高いからやめておこう」という不自由が、嫌なのです。**

もちろん、海外も含めてふらりと旅行に行ったりするのは好きですし、生活水準を落としたくないという気持ちはすごくあります。

しかし、あくまでも「やりたくても（お金がなくて）できない」という不自由が嫌。お金がかかることでも、やりたいと思ったことが、やりたいときにやれること。それはもちろん僕だけでなく、家族みんなにそういう自由を用意したいというのが、僕のお金への思いでした。

自由とは、自らの意志と責任において、自分の望むものを選択できることですが、僕にとって、**お金とは自分に最大限の選択肢を用意するための手段**です。

以前までは、お金は選択肢を制限するものでした。しかし僕は自分を変えることで、お金との関係性を変えてきた。「人を変えることはできない、自分が変われば相手も変わる」とは、人間関係においてよく言われますが、**お金との関係性も、自分が変われば変わる**ものなのです。

自分の望むものを選択する力

ただし、最大限の選択肢を自分に用意しても、あれもこれもと全てを選ぶことはできません。というより、あれもこれもと欲張ると、結果的に何も得られないものです。物理的に満たされても、それが心から望んだものでなければ本当に満足することはできないものです。

僕は海が大好きで、住まいを海の近くに置いています。ずっと憧れていた場所です。海の近くの空気が好きです。海沿いの街で暮らしていると、かっちりしたスーツ姿で歩いている人はあまりいません。みんなラフな格好をして、前向きで楽しそうにしている人ばかり。こういう空間に身を置いているだけでも幸せが溢れてきます。

東京や大阪など、都会にも仕事でひんぱんに行きますが、ビルに囲まれた環境はどうしても疲れてしまいます。そんな環境下で、毎日、何十分も満員電車に乗ったり、車を運転したりするストレスも相当なものでしょう。

いま僕は、自分が移動したくなければ、相手を家に呼んで仕事をしています。

こうした幸せは、自分が本当に望むものを選択できる人でないと実現はできません。僕にとっては、この暮らしが「自由」で幸せです。心から望んだ場所を選んでいます。人によって幸せを感じられる環境や状況は全く違います。あなたはどんな環境に幸せを感じますか？

一説には、お金持ちになればなるほど、余計なものを買う回数が減るそうです。お金があれば、妥協せず、本当に欲しいものを選べます。本当に欲しいものだけを選んでいたら、余計な出費が減るのかもしれません。

「好きなもの」わかっていますか？

そもそもあなたは何が好きで、何が嫌いで、何をしたくて、何をしたくないですか？　心から望むものをわかっていますか？

自分が望むものがわからない……という人は、心の感度が鈍っているのかもしれません。「やりたいこと」「欲しいもの」ひいては、「自分らしさ」というものは、「好きなもの」と直結しています。あるいは、自分が「楽しい」と思えるものや「嬉しい」と思えるものです。あなたはどんなものに、「楽しい」「嬉しい」と感じますか？

次の章でお話ししますが、僕は子どもの頃から自分を抑圧して、意見や思いを言わないようにしていました。その結果、何がいちばんやりたいのかを模索し続ける日々が、何年も続きました。いまは、「これがやりたかったんだ」「楽しい！」と、心から思える仕事ができて、毎日が充実しています。

まずは自分の「好きなもの」「楽しいこと」を掘り起こしてみてください。

あなたが本当に望むものは何ですか？

さてここで、あなたはなぜ、いまこの本を読んでいるのか、いま一度問い直してみてください。

人生を変えたいと思っているから？　ではなぜ人生を変えたいのか？　自分に問いかけてみてください。

なぜお金が欲しいのか？

いったい何が不満で、どうなれば幸せなのか？

何がしたいのか？

あなたは自分が本当に望むものは何か、どのくらい理解しているでしょうか？

僕が尊敬する作家さんの著書に、次のような意味の言葉があります。

〈自由とは、全て好き勝手に選べるということでもあるけれど、それと同時に全ての責任を自分で負うことだ〉

その作家さんはさまざまなビジネスをされていて、非常に多忙であろうのに、1年の半分を海外で過ごし、自由に生活しています。

彼のこのメッセージを初めて読んだときは、あまり腑に落ちていませんでしたが、実際に自分で自由を手にしてみると、この言葉に強く共感するようになりました。

例えば、組織の中で働くなら、完全に自由な仕事はできない反面「全ての責任を自分で負う」ということはほとんどありません。価値観はさまざまなので、そういう働き方がいい、という選択も当然「アリ」です。

しかし、**自分の「全ての責任を自分で負う」という選択もしなければなりません。いかなる問題が生じても、その問題を解決するのは自分**です。どんな結果になっても受け入れる覚悟が必要です。その最初の一歩を踏み出すのは、ある意味、嫌なことだったり、怖いことだったりします。それは当然かもしれません。自由になって、どんな問題が起きるかなんて誰にもわかりません。

しかしその一歩が踏み出せれば、自由になります。嫌なもの、怖いものを乗り越えてでも、**自分が心から「良い」と思うことを選択していくことが、自由につながっていく**のではないかと思っています。そのためにはまず、自分の望むものをしっかり理解しておかなければなりません。

僕が本当の望みに気づいたきっかけ

僕の「本当の望み」は何か?

僕がそれに気づいた最大のきっかけは、友人に誘われて始めたネットワークビジネスでした。

後に詳しくお話ししますが、ネットワークビジネスというと、胡散臭いイメージもあります。その魅力は、成功すれば本当に自由な生活が手に入ることだと説明されますが、ネットワークビジネスで成功した人たちの話を聞けば聞くほど、引き込まれていく自分を感じたものです。狭い世界しか知らなかった僕にとって、それは光り輝く未知の世界に見えました。

「こういう生き方があるんだ！」

そう思ったことが、自由への憧れに気がついた最初のきっかけでした。

自分がネットワークビジネスに身を投じるかどうかはしばらく決断できずにいましたが、その会社が主催するセミナーがおもしろくて何度か通うようになりました。すると何度目かのセミナーで、「自分のこの現状も、世の中も、このままじゃヤバイな」と思わされる話を聞いたのです。

セミナーは、日本経済の先行きと、人々がどう生活していくべきかという内容でした。講師の方が、**「いま何もしないと将来、いまの生活が維持できなくなるかもしれない」**と力強く話していたのを覚えています。

実質賃金は実は下がり続けていて、年金にも不安がある。国家の財政も破綻に向かって進みつつある。時代の流れはいま、経済的に非常に不安定な状態にあるという内容で、いまの現状をしっかり認識するべきだという話でした。

僕にとって、それはとても衝撃的な話でした。それまで聞いたことがない、全く知らなかったことだったからです。「これは本当に、自分で何かをやり始めないと大変なことになる！」

それは、僕の中でスイッチが入った瞬間でした。

セミナーは経済的な不安を煽る内容でしたが、当時の僕は、逆にチャンスだと思ったのを覚えています。この状況は、まだまだ知らない人がたくさんいるはずだ。だから自分はいち早くこれを伝えてビジネスを始めた方がいいだろう、と。

それまではネットワークビジネスの成功者たちが語る自由な生活に憧れ、ぼんやり「いいな」と思うだけでしたが、経済セミナーでの話を聞いて、これはもうやるしかない、やらない選択肢はないと決意が固まりました。**「やったほうがいい」と思う気持ちが、「やらなきゃダメだ」に変わった**瞬間でした。

常にアンテナを張っておくために
いまの不満を大切にする

僕が動き出したのは、最初に漠然とした憧れがあって、セミナーの話に背中を押されたかたちでしたが、おそらく、最初に経済セミナーの話を聞いていたら、ピンとこなかったと思います。

これはいま振り返るから言えることですが、やはり**常にチャンスを探す姿勢が大事**なのだと思います。

自分の「本当の望み」を知るためには、常日頃から自分の目標や、こうなれたらいいなというイメージを持っていることも大事です。しかし、自分の不満や疑問も、最初の段階ではとても大事な指針になります。それがチャンスを見つけ出すアンテナになるからです。

僕は会社員時代、世間の目や会社の上司の顔色、あるいは横のつながりの仲間や同僚といった関係の中で、自分の思う感覚と違うと感じたとき、それを常になんとなく濁して、うやむやにして乗り越えようとしていました。

しかし、父の死を経て、いままでうやむやにしてきたことの答えを探そうとあがき始めたのです。すると、折れていたアンテナが再び働き始め、あらゆる瞬間の中に答えを探し始めました。

「もっと上にいきたい」「成長したい」という思いとともに、**「いまのままではダメだ」という気持ちは、同様に重要な原動力になります。**

例えば、尊敬できない上司の理不尽な指示に従うばかりの毎日を受け入れて、「このままでいい、これが働くということだ」と思っていたら、チャンスを見つけることはできません。「いまのままは嫌だ」という思いだけでも、十分なアンテナになり、必要なチャンスに出会ったときに、飛び出す原動力になると思います。

現状に満足している人、「いまのままでいい」と思える人は、それはそれでいいのではないかと思います。その人にとってそれが幸せなら、あえてリスクを取って、無理をすることはありません。

しかし、もしそうではなくて「何かが違う」「何かわからないけど、幸せではない」と感じるなら、自分にとっての「本当の望み」を知るために、自問自答することが大切です。

自分に問いかけ続ける

自らに問いかけるのは、「なぜ○○ではないのだろう？」「△△であるべきではないのか？」といったことだけではありません。

そんな疑問があるということは、何か理想とするイメージがあるはずです。理想とのギャップを生み出すものが何かわからなくて、人は悩みます。

あなたは理想とするイメージを、はっきり持てていますか？　その理想を自分に問いかけましょう。

自分を変えようと思ったとき、どうなりたいかがまず明確になっていなければ変われません。どうなりたいかは、何が嫌いで何が好きかということと直結しています。

自分の価値観に沿う生き方は何か？　それがはっきりしたら、後はやるかやらないか。

やらなければいまのままだし、やれば変わります。

厳しい言葉ですが、**楽に何もせず変わろうというのはあり得ません。**そんな話があれば、全ての人が自由に変われているはずです。イメージするだけでは現実は変わるわけがないのです。つまり、行動をしなければ、自分も環境も、何も変わらないのです。

はっきり言いましょう。**もしいま、行動ができないなら、あなたの中で「変わりたい」「変えたい」という思いがさほど強くない**のです。現状に何かしら満足があるから、それを失うくらいならと、**動かないメリットを取っているにすぎません。**

「そんなことはない！」と、思われるかもしれません。ではなぜ、あなたは行動していないのですか？

自分に制限をかけているのは自分です。その制限を取り外すには、繰り返し自分に問いかけてみましょう。

自分はどうしたいのか？　なぜ、そう思うのか？

本当に、このままでいいのか？　満足なのか？

「俺にはできないし……」とは、子どもでも言える言葉。そんな言葉を言っている人生が、果たしていいのかどうか？　明日死んでも、「楽しかった！」と言えますか？

そう繰り返し、自分に問いかけ続けてみてください。

自分はどうなりたいのか？　何をしたいのか？　まずは、自分の価値観に素直になることが〝成功の秘訣〟です。

目の前の「楽しい」に夢中になる

ちまたに溢れる自己啓発本には、よく「まず未来の目標設定をして、そこから逆算して計画を立てる」という成功の法則が書いてあります。

しかし僕は、明確に「なりたいイメージ」「心から望むもの」がわかっているなら、**あとは「やりたい！」という気持ちに感覚のままに従って、とことん楽しんでしまうのがいい**と思っています。

「ここで我慢すればきっと良い未来が待っている」「いま頑張ってつらいことを乗り越えたら、きっと望みが叶う」……そう思って一つずつ目標を着実に達成して頑張る人もいるかもしれません。

しかし、何が自分にとって楽しいか？　その選択を積み重ねた先に、いまの僕があるのだと思います。**自分の気持ちに素直になって、楽しい「いま」を一つずつ積み重**

ねる。それが、僕にとっての〝成功の秘訣〟だったと思います。

はじめから失敗するつもりでやる必要はありませんが、完璧にやろうとすればするほど考えることが出てきます。「あれも頑張らなければ」「これもしなければ」、そんなプレッシャーで動けなくなってしまい、結果的にそれが大失敗につながるなんてことは、よくある話です。

ビジネスだけではありません。恋愛や結婚、転職など、いろんな場面で、人は物事を大局的に見すぎてしまうものです。

だから、目の前の一つひとつに集中することが大切です。結果が出ない毎日も、楽しんでしまうこと。目の前の「楽しい」に一生懸命になります。

するとあるとき必ず、バラバラだと思っていた点が線になり、ブレイクスルーが起きます。

「やりたいことができない」「言いたいことを言えない」と言うのはとても簡単です。なぜなら、すぐいろんな理由をつけられるからです。

「これを言ったら嫌われるかもしれない」

「それはそうだと思うけど、お金がないからチャレンジできない」

「時間がない」

「出会いがない」


できない理由は数え上げたらきりがありません。

それでも、**「やってみよう」を選択するのは、あなた自身**です。

最初の一歩を踏み出すのに、不安があったり人の目を気にしたりするのは当たり前です。

それを乗り越える後押しになるのは、一歩抜け出した先への思いが強いかどうかだと僕は考えています。

僕は昔、「なんか変だな」「これはおかしいんじゃないか」「僕はこうしたい」と思うことがあっても口にはせず、押し殺してきました。周りに変な目で見られやしないか、怒られるんじゃないか……。そういうマイナスの感情が強くありました。

しかしそれによってもたらされた「いま」が満足ではありませんでした。その現状維持の日々が続くことにどうしても耐えきれなくなったとき、一歩踏み出しました。

僕は楽しそうなことをイメージすると、すごくワクワクしてきます。一歩抜け出した先のことを考えることで楽しくなり、行動できるようになる。リスクや不安も楽しんでしまえば、それほど大きな苦になりません。

リスクや不安、恐怖が先に立ってしまう人もいると思います。しかし、恐怖があっても、それより「楽しそうだからやってみよう」と思えれば動き出せます。うまくいくかどうか、その確率は最終的には50：50です。ならば、勇気を出した先に待っているかもしれない「楽しいほう」の50をイメージしてみるといいですよ。

大事なのは一貫性

自由に生きるということはどういうことか、もう少し具体的に考えてみましょう。

自由だからといって、無法地帯では良くありません。自由の意味を履き違えると信用や信頼を失い、そもそもビジネスや事業が成り立たなくなってしまいます。

ではどうすればいいかというと、**「自分のやっていること、言っていることに一貫性を持つこと」**だと僕は思っています。すなわち、自分の価値観の軸からぶれないこと。それさえ守れば、自由になんでもやってもいいのです。

仕事も人脈も、嫌いな人や苦手な上司がいれば「この人と仕事したくない」と言えばいいだけだし、やりたくない仕事があれば、「僕はこれこれこういう理由だからやりたくない」と言えばいいだけのことです。

僕は楽しいことが大好きなので、「楽しいかどうか」を第一の基準に考えます。ルールで人を縛るような人と仕事するのは楽しくない、という軸からブレません。日頃からそういう自分の考えと、何を楽しいと思うかを発信してるので、僕の周りにはいつも自由が好きな、楽しい人がいっぱいです。そうなると自然と価値観の合うパートナーとしか仕事をしないようになります。

僕の家族のあり方を例に

僕と家族は別々に暮らしており、自由な関係性を築いています。

それは互いに好き放題をしているわけではありません。

僕にとって、家族は頑張るモチベーションであるだけではありません。家族の生活を守ることは僕の大切な仕事で、山梨に帰ればみんなで一緒に遊んだり、子どものイベントにも参加します。では、なぜあえて離れて暮らしているかというと、毎日一緒にいることが必ずしも幸せのかたちだと思っていないからです。

そう書くと、違和感を覚える人がいるかもしれません。しかしここで言いたいのは、**世の中が当たり前だと思っていることを問い直す**ことはとても大切だということです。世間一般には、子どもと毎日共に過ごし、しっかり関わるほうがいいという論調です。「イクメン」という言葉もあり、父親が家事育児に積極的に参加すべきとも言われます。僕はその意見に賛成ですが、それを家族みなが望んでいるなら、です。

僕は、家族が常に触れ合っていること以上に、父親が楽しそうに好きな仕事をやっているほうが子どもにとってもいいんじゃないかと思うのです。僕の願いは、子どもたちには自由に好きなことをしてほしいということ。もっとも、本人が幸せならば、その願いにもあまりこだわりはありません。

妻は妻で、自分の好きなことを自由にやっていて、そのほうがいいと言ってくれています。子どもたちはかわいいですし、一緒に遊ぶとすごく楽しい。

離れていても家族は家族です。僕たち一家にとっては、それぞれが自分の「楽しい」をしっかり味わえる良いかたちになっています。僕にとって大切なのは「楽しい」。だからその軸を貫くためにすべき責任を果たします。

大多数とは違う、自分の価値観があっていい。**世間の論調にも揺るがず、「自分にとっての幸せ」をしっかり理解して貫いていくことが「自由」への一歩**だと思います。

第2章

「しかたない」で諦めて、挫折続き……不平不満ばかりの頃

自信がなくて、主張できなかった子ども時代

ここから少し、僕がどうやって自由を手にしていったかをご紹介しましょう。平凡体質の人間がいかにして変われたのか？　きっとあなたにとって示唆となることがあるのではないかと思っています。

さて、僕の望みは「自由」でしたが、いま振り返ると、その思いの原点は子ども時代にあったような気がします。当時の僕は、自ら「不自由」を選び続けていたように思います。そんな、僕の〝原点〟について少し書いてみようと思います。

僕は子どもの頃からずっと、他人から怒られることに非常に怯えていました。実を言うといまでも苦手意識があります。他人から強い口調で話をされるのも苦手。言葉

の勢いに気圧されてしまうのです。

友人とのけんかや、上司や先輩に叱られるときなど、誰かに強い口調で何か言われるとまず思うのは、「この場をうまく切り抜けたい」「丸く収めたい」「戦いたくない」「争いたくない」という気持ちです。言われていることがどんなに理不尽でも、言い返すこともしません。ただ我慢して言われるとおりにしていました。

物心つく頃にはすでに根付いていたその恐怖心が、僕を不自由にしていたと思います。

僕には一つ上の兄がいます。兄は気が強く、運動もできる「ガキ大将」タイプ。地頭もよく、弁が立ちます。

そんな兄には到底敵わないので、僕はいつも兄の言うことを聞くしかありませんでした。例えば、僕が自室で好きなゲームに夢中になっているとしましょう。そこへ兄が、ガチャッと入ってきて、「ちょっとジュース飲みたいから買ってきて」と言えば、僕はすぐにゲームをやめて買いに行っていました。「いまはいいところだから、ちょっと待って」と言おうものなら怒られてしまいます。「なんで僕が行かなきゃいけないんだ」と、逆らうなんてもってのほか。兄の言うことは常に絶対で、僕は兄の顔色を窺いながら暮らしていました。

加えて、家庭環境の影響もあったかもしれません。

僕の家は繊維関係の工場を経営していました。祖父がやり手の事業家で、大手メーカーを相手にどんどん事業を拡大し、そこそこ裕福な暮らしをしていました。

しかしその息子である父は、重いうつ病に罹っており。僕は、父が働いている姿をほとんど見た記憶がありません。僕の記憶にある父の姿は、精神的に不安定で、急に感情的に怒ったり、母が用事で出かけようとすると、「どこ行くんだ」「寂しいよう」と子どものように駄々をこねたりする姿です。そんな父が受け入れられず、子どもの頃は極力関わらないようにしていました。

そうした事情から、僕たち一家の家計は、父ではなく祖父が支えてくれていました。祖父が亡くなると、父の弟である叔父が僕たち一家の面倒も見てくれていたのですが、幼心に、叔父の機嫌を損ねてはいけないと、叔父に気兼ねしながら暮らしていました。おかげで、家計的には余裕のあるほうでしたが、精神的には少し窮屈さを感じながら過ごしていたように思います。

社会に出てからは、会社の上司や先輩が兄に代わる存在でした。会社に勤めていたときは、上司や先輩に言いたいことがあっても言えず、飲み込んでしまうクセがありました。何か自分の意見を言って、ことがこじれるほうがいやじゃないか。「しかたない」と諦めてしまうほうが、波風も立たず自分も楽です。

そんな性格がすっかり染み付いて、僕は自己主張をしないタイプになりました。しかし、突き詰めてみれば、ただ自信がなかったのだと思います。自信があれば、怒られても自分の意見が正しいと堂々と言えたかもしれない。しかし、怒られるより、耐えるほうがいい。そう思っていたのだと思います。

日頃から自分の思いを伝える大切さ

「波風が立たないようにしたい」「自分が我慢すればこの場はうまく収まる」「怒られるのも嫌だし、相手を不快にさせるのも嫌」……そう考えて、自分の意見や思いを胸の内におさめておく人は少なくないと思います。

それは優しさかもしれませんが、**自らを縛っている不自由の鎖**でもあります。

そんな経緯もあって、僕は独立当初、まず自分の意見や思っていることを人に伝えることを心がけていました。勇気を出す練習です。

お世話になった経営者の方々やいまの僕のビジネスパートナーたちは、意見が食い違ったり対立しても、みな僕を否定したりしませんでした。決めつけや一方的な物言いもせず、ばかにもせず、建設的な議論にしてくれました。**自分らしく自由に生きている人たちは器が違う**なと感じたことを覚えています。きっと、自らの価値観に従っているからこそ、自然と他者の価値観も尊重できるのです。

もしかしたら、会社勤めの頃の上司や先輩も、家族も、僕がきちんと伝えれば尊重してくれたかもしれません。**僕が自信がなくて閉ざしてしまっていた**のだと思います。

僕のように「言いたいことをいつも飲み込んでしまう」という方は、ぜひ少しずつ自分の意見を言うことにトライしてみてください。最初はちょっとしたことでも構いません。それが自分を不自由の鎖から解き放つ一歩になります。少しずつ、「自分はこういうことがしたい」「こういうことが好きだ」と言う自信がついてきます。

そしてそれは、いずれ大きな追い風を運んできてくれると思うのです。

例えば、会社勤めの方でも、ふだんから職場で「独立したい」「起業したい」と言っている人だったら、自然と周囲にそういう印象を持たれるようになります。もしその人が、実際に起業するために会社を辞めようと思ったときも、「前からそう言ってたよな、応援してるよ」という対応になるかもしれません。「じゃあ、取引先の候補を紹介するよ」と、支援してくれる人も現れるかもしれません。

逆に、ふだんから何も言わずに黙々と仕事を進めていた人がいきなり、「僕、起業したいので辞めます！」と言い始めたら、多かれ少なかれ驚かれてしまいますね。人は、脈絡のないことは苦手なものです。

そうなると、もちろん応援してくれる人、スポンサーになってくれる人の情報も集まりづらいでしょう。起業という場面でなくても、どんな仕事が得意で好きで、やりたいかを常に言っている人には、「あいつはこの仕事が好きだって言ってるから任せてみよう」と、好きな仕事が集まりやすいでしょう。

そう考えても、やはり日頃から自分の意見や思いを発信するというのは、とても大事だと思います。

僕はいまでも、人に強く言われると少し不安になってしまいます。しかし、意識的に自分の意見や思いを発信するよう練習したことで、いまではYouTubeもセミナー講座もはるかに上達しました。

「自信がない」と言うのは簡単。でも、**自信は誰かがくれるものではありません。**「○○だからしかたない」と諦めて水に流して、なんとなく不満を感じながらもそれなりに満足して生きるのは、少しずつ自分の心にゴミを溜めて心を殺していくようなものなのかもしれません。そうして、どんどん自分に自信をなくす悪循環になっていくのではないでしょうか。

ささいな練習が、自信の土台になっていくように思うのです。

死ぬこと以外かすり傷

さて、高校2年の秋に、僕の視野が広がった出来事がありました。

それは体育の時間でした。

いつもどおり、みんなで楽しく授業を受けていたら、「大和、バク転見せてよ」と友人に持ちかけられたのです。

バク転は得意でしたし、僕もかっこいいところを見せたくて、いつもどおり後方にぴょんと飛びました。しかし飛んだ瞬間、いつもとは違う感じがしたのです。

僕はバク宙もできるのですが、バク宙では真上に跳びます。バク転は手を床について回るので、真上ではなく斜め45度くらいに跳びます。声をかけられたそのときは、ちょうどバク宙をした直後だったので、体が錯覚していたのでしょう。飛ぶ方向を間違えてしまったのです。

「あっ、方向間違えた」

そう思った瞬間空中で頭が真っ白になり、たちまち「ボスッ」と鈍い音を立てて頭からマットの上に落ちたのでした。

それはほんの一瞬の出来事でした。何が起きたかよくわからず、呆然としていました。ただ、もう体は動かず、声も出ませんでした。

「何やってんだよ」

「早く起きろよ」

友人たちも、最初は笑いながら僕に声をかけてきました。

しかし、なかなか動きださない僕に、だんだん友人たちの顔が青ざめていくのが見えました。

「大丈夫か？」

「おい！　救急車呼べ！」

体育の先生が慌てているのが見えます。意識ははっきりしていましたが、声もでないし、体も動かない。ただみんなが慌てているのを眺めていました。

病院に運び込まれ、ついた診断は「頚椎《けいつい》骨折」。首の骨が折れていたのでした。骨の折れ具合によっては、重要な神経に傷が入っている可能性もあり、母は手術前に、医師から「死ぬ可能性もある」と告げられ、泣き崩れ落ちていました。僕はその光景を眺めているしかできませんでした。

11時間後。手術は無事終わりました。奇跡的に神経は無傷で、マヒや不随も残らずに済みました。しかし辛かったのは、術後の入院生活でした。

入院生活は3カ月に及んだのですが、最初は、首も動かせませんし、起き上がることもできません。

嘔吐の連続ですが、上を向いたまま嘔吐するので顔にかかります。さらに、手術直後は腕と手にしびれがあり、全く動かせなかったので、箸もろくに持てません。もともと50kgあった握力が、10kgにも満たなくなり、野球で鍛えたものがあっという間になくなってしまったのでした。それには一抹の悔しさはありましたが、やはりそれでも健康に戻れるということのほうが嬉しかったです。


死ぬこと以外はかすり傷。

失敗しても、死なない限り、人生いくらでもやり直しができるということが身にしみた時間でした。


同時に、いかに自分が多くの人に支えられているかを感じた日々でもありました。

みなさんはお見舞いというのは、どんな関係性の人なら行くでしょうか？　また、どんな関係性の人なら、何度もお見舞いに行きますか？

僕は正直、お見舞いというのはかなりのお付き合いの人ではないと行かないものだと思っていました。

しかし、僕の入院していた3カ月、本当に信じられないくらい大勢の友人が毎日訪ねてきてくれたのです。

幼い頃からの友人、学校の友人、部活の先輩や後輩、兄の友人たち……。しかもみな、何度も何度も訪ねてきてくれるのです。僕の病室は毎日わいわい賑やかでした。

怪我をしなければ、自分がどれだけの人に支えられているかを本当に理解することは難しかったでしょう。

あの体験は間違いなく僕の自信の土台になっています。

「収入の限界」を感じたアルバイト

怪我をしたこともあって、人を助ける仕事をしたいと思った僕は将来は消防士になろうと思っていました。

消防士というより、何かしら公務員になりたいと思っていたのが本音です。収入も安定したイメージがあり、周りの人も喜んでくれます。そして、誰かを助けられる仕事なら、やりがいもあるだろうと思ったのです。

大学は地元、山梨県甲府市にある山梨学院大学に入りました。この大学の法学部は公務員を多く輩出しており、消防士になるのに向いていると思ったのです。僕は大学近くにアパートを借りて初めて一人暮らしを始め、友人と遊んだりバイトをしたりしながら、ふつうの大学生の楽しい毎日を忙しく過ごしていました。

大学に入って始めたアルバイトは、僕に「お金を稼ぐ」ということがいかに大変かを考えさせてくれました。

最初に働いたのは、お蕎麦屋さんでした。出前に配膳、皿洗い、慣れてくると厨房の手伝いもやりました。蕎麦屋さんはなかなか繁盛しており、昼時は非常に忙しいです。時給は850円。しかし賄いを食べると200円が差し引かれます。すると、4時間働いても実質の時給は800円になります。1万円を稼ぐのがどれだけ大変かと思い知って、びっくりしたのを覚えています。それだけ、僕は甘ったれでもありました。

あるとき、この条件下で10万円稼ぐには、120時間近く働かなければならないと考えたことがあります。100万円稼ぐには、1200時間。1200時間働くには、一日12時間働いても100日かかります。「時給850円で月収100万円は絶対に不可能」。どれだけ働いても、収入に限界があるという事実に気づいて驚いたのを覚えています。

蕎麦屋で2年働いた後、派遣会社に登録して結婚式場のアルバイトもしました。仕事の内容は結婚式での配膳です。時給は蕎麦屋よりは高かったのですが、それも1100円くらいでしょうか。それも計算してみると、頑張っても月収20万を越えません。そんな現実を目の当たりにして、祖父や叔父がいかにすごかったかを感じたのを覚えています。

僕には祖父や叔父のようにはなれないだろう――そんな思いもどこかにあったのかもしれません。大学に入った当初のまま、消防士という安定した仕事を目指していたのですが、大学4年生で転機が訪れます。

初めての子どもができたのです。

相手はいまの妻。妻とは、大学3年生からお付き合いをしていましたが、1年たった頃のある日、「生理がこない」と言われたのでした。

しかし、いま思えば、ものごとは全て必然なのかもしれません。

最初は思ってもなかった出来事に焦りましたが、僕は、すぐに産んでほしいと決意をしました。

もちろん悩みました。しかしはっきり言わなくとも、妻に産みたい気持ちがあるのを感じ、それならそうしてほしいと思ったのです。ならば、自分も覚悟を決めなければ。

いったん決めたら、あれこれ悩んでいる場合ではありません。僕には守るべき存在と責任ができたのです。後戻りもできません。そうして、僕の人生ががらりと変わりはじめたのでした。

折しもちょうど就職活動が始まる季節でした。公務員試験は半年先で、受かるかもわかりません。しかしいちはやく収入の見込みを確保して、安心させたい。そこでとにかく早く、なるべく給料の高い仕事を選ばなければと、急遽就職活動に乗り出しました。

必死になったのがよかったのか、すぐに内定が出て、化粧品メーカーへの就職が決まりました。山梨県内ではトップクラスの企業。素直に嬉しいと思いましたし、これで生活もなんとかなると安心したものです。

子どもとともに、新生活を楽しもう。そう思っていましたが、そんな僕の思いは、1年でもろくも崩れることになります。

「嫌だから」で、逃げてしまった挫折

「仕事を頑張って、早く結果を出す！」

この気持ちは新社会人になった当初、異常なほどありました。

妻と子どもをしっかり守りたい。しかしその気持ちとは裏腹に、すぐに挫折して転職を繰り返すという悪循環にはまっていったのでした。

新卒で入った会社は、1年で辞めました。

僕は営業部の配属で、代理店のコンサルティングを行うというのが仕事でした。しかし実際業務についてみると、上司や先輩に言われるがまま、毎日毎日代理店をまわるのみ。これではただの御用聞きじゃないかと感じたのです。

いま思えば本当はもっとすべきこと、できることがあったはずなのですが、僕は自ら何かするわけでもなく、上司や先輩の指示の意図を理解するでもなく、ただ言われるがままにしているだけでした。

そんな中、退職の直接のきっかけは、同僚が「プロ野球選手になりたい」と言って、半年で会社を辞めたこと。その後彼は、石川県の野球チームに入りました。

彼のように、好きなこと、やりたいこと、楽しいことをやれたらどんなにいいだろう――そう思ったとき、「ここではない」という思いが漠然と胸に広がり、僕は1年で退職しました。

元同僚のようになりたいと思ったものの、やりたいことがあるわけでもありませんでした。主体的に仕事に向き合うでもなく、ただ嫌な仕事から逃げたことを、どこかでわかっていたのかもしれません。

ふがいない気持ちに蓋をしつつ、次に入ったのが、結婚式の映像を撮る映像制作会社でした。

二度目の敗走

結婚式の映像制作の会社を転職先に選んだのは、自分の結婚式で感動したから。学生時代にアルバイトしていたこともあって、華やかで楽しそうで、誰かの幸せに携われるならと思って入社したのでした。

しかし先に結果を明かすと、この会社もわずか半年で退職してしまいます。「自由になりたい」という思いが加速したのは、この会社で過ごした半年間のおかげですが、人生で最も暗くて辛い半年だったかもしれません。

ただ、その時間があったからこそ、自分自身の本当の望みが見えてきたという面がありました。そんな映像制作会社時代のことを少し書いてみたいと思います。

この会社は映像制作だけでなく、結婚式の演出のプロデュースも行っています。この道ウン十年という職人気質の社長が取り仕切り、業界では信頼の厚い会社でした。腕一つで何十年と業界で信頼を積み重ねるには、相当の努力が必要だったでしょう。とてもこだわりの強い社長で、僕は毎日怒られてばかりでした。

悩んだのは、仕事の出来を一方的に怒るだけで、どこが悪いのかを具体的に指摘してもらえないことです。原因も聞かれませんし、話す機会も与えられないので、ただ怒られるのを聞くしかできません。反論もできず怒られるがまま。僕の理解力が足りていなかったことも手伝って、なぜ怒られているのかもわからない、と感じていました。

怒られるばかりの日々が続くうち、僕は嫌っていた父のように、うつ病のような状態になっていきました。

「俺って何のために生きてんだろ」
「この場から逃げだしたい」

「誰かに助けて欲しい」


出てくる気持ちはネガティブなものばかりです。

怒られながら、さまざまな思いがこみ上げます。


「なぜ、僕にも考えがあるのに聞いてこないんだろう」

「社員に気持ちよく働いてもらうのも、社長の仕事ではないのか」

「何が正しいんだろう」


そんな疑問が頭をもたげては、すぐに怒られてネガティブな感情が渦巻いて、僕の思考はぐちゃぐちゃでした。

当時の僕は、理不尽なことがあっても、「しかたない」と諦めて水に流し、グレーなものはグレーなままで濁していたのですが、心の余裕がどんどんなくなっていくのがわかりました。

そうして僕は、2社目の会社も半年で逃げるように辞めてしまったのでした。

2社も短期間で「嫌だから」と辞めてしまい、情けなさが押し寄せます。

「結婚して子どももいるのに、お前、大丈夫か?」
「何やっても続かないいんじゃないの?」

周りからはそんな声も聞こえてきます。

それでも家族のためにお金は稼がなければなりません。**「どこにも逃げ場がない」という状況になって初めて、それまでの僕の人生は甘えても生きていける人生だったのだと思いました。**

逃げたくても逃げられない。でも組織にいては、同じ問題が起きるのではないか。ならば、全て自分でできる仕事にしよう。

そこで僕が次に選んだのが、自分の力だけで稼ぐ整体師の道でした。

独立したのに、会社員時代と同じ問題が起きる！

会社という組織を辞めて、自分の腕と力量だけで勝負する世界を選べば、自分らしく働けるだろう――そう思って整体師になりましたが、自分で商売をするようになってからのいちばんの収穫は、**うまくいかない原因は自分にあった**ということに気づいたことでした。自分で商売をしても、**会社員のときと同じような問題が起きる**のです。

整体師になるには大きく二つのパターンがあります。独学で頑張るか、学校やスクールに通うなどして誰かに学ぶかです。僕の場合は、学校だけに専念する余裕はありません。そこで山梨県内で学べて、なおかつお金を稼げるところを調べると、個人の整体院の先生がやっているスクールがいくつかありました。

何件も連絡して、教わる先生を探したのですが、僕が決めた先生は最初の電話口での対応からして他の先生と違いました。声も口調もやさしく丁寧で、「行ってみたい！」とすぐに思いました。

また、門戸を広く開けている感じもしました。整体院の体験スクールに問い合わせるとだいたい有料なのですが、その先生は「体験は無料でいい、見てみないとわからないから」と言うのです。

現役で施術もされている先生でしたが、いつも予約がいっぱい。**人気があるのは実力のある証拠**です。加えて、先生に教わった人が実際に開業して成功していました。先生に実力があり、生徒も結果を出している。ならば自分も、と自分の未来に希望を持つことができたのでした。

なぜ、キャンセルされてしまうのか？

指導は極めて実践的でした。

体の骨格や筋肉の名前などの座学はもちろん、どこをどういう姿勢で押せばいいかということを徹底的に教えてもらいました。必死に練習をしたかいあって、8カ月で先生の店舗の一つを任せてもらえるようになり、整体師として歩み始めました。

開業してからも、毎日猛練習。しかし、お店を任されたら技術だけでなく、お客さまを確保する努力も必要です。黙っていては、お客さまにリピートしてもらえません。正しくアプローチしないと、その場では予約が取れても、結局半分はキャンセルされてしまいます。

予約のキャンセルはとても怖かったです。会社員時代はアポがキャンセルになっても「しかたない」と思っていましたが、整体師になってからはショックが違いました。キャンセルはすなわち、その日の売上がその分減るということ。開業当初は電話が鳴るたび「キャンセルではありませんように……」とドキドキしました。

キャンセルをされないように、リピートにつながるように。そう試行錯誤をする毎日でしたが、しだいにあることに気づきます。

自営業になれば、しがらみから逃れて自分らしく働ける、そしたら成功できると思っていたのに、日々お客さまと接していると、会社員時代と同じような問題が次々起こるのです。

良かれと思ってかけた一言がお客さまを怒らせたり、好感触だと思ったお客さまがキャンセルしたり……。

なぜ、キャンセルになってしまうのか？　なぜ、リピートしてもらえないのか？　**なぜ、良かれと思ってしている施術や声掛けを理解してもらえないのか……？　そんな風に思わされる出来事が毎日起きる**のです。

振り返れば、いままでうやむやにして、濁してきた疑問や思いに、ついに正面から向き合ったときだったのだと思います。そう考えるようになって、初めて、それまでの仕事で怒られていた原因は自分にあったことに気づきました。

会社員時代の僕は、上司やお客さまに怒られたり注意されたりしても、「いや、僕はこう思ってるのに」「こうしたいと思ったのに」と、言われたことを受け入れることはしませんでした。自分の言っていること、やっていることが正しいと思っていた

部分がたくさんあったからです。

しかし整体師になって、それでは通用しないということが、現実として立ちはだかってきたのです。相手のニーズを読み間違えたり、こちらの都合を押し付けて一方的に施術を勧めても、お客さまは来てくれません。下手したらクレームや悪い口コミにつながります。**お客さまに何か言われるたびに、「こう思ってやったのに」「あなたはわかってない」などと言っていたら、すぐさま売上が下がります。**それはすなわち、生活に直結します。

「わかってもらえない」の前に相手のニーズを理解する

師匠でもあるオーナーは、リピーターがたくさんおり、キャンセルもほぼありません。彼のやり方を見よう見まねでやってみるようになりました。オーナーはどんなときに、どんな声掛けをしているのか？　どんな接し方をしているのか？　自分との違いは何なのか？

そこで、必要に迫られたかたちで、お客さまのニーズに合わせるということを始めましたが、そこでやっと**環境のせい、人のせいにするのがクセになっている自分に気づいた**のでした。

キャンセルが多いというのは、簡単にいうと次に来る理由がないということ。次に来る理由がないというのは、**お客さまが価値を感じてないから**です。なので、**それぞれのお客さまに合わせた価値を説明してあげられることができれば、キャンセルは自然と減るはず**です。オーナーがしていたのは、相手のニーズをしっかり汲んで、それに合わせて対応する、ということでした。

オーナーの真似をするうち、しだいに感覚がわかってきて、目の前のお客さまが何を求めて来てくださっているのかをしっかり読み取れるようになりました。そして、それにあわせたアプローチを一つずつ増やしていきました。

本当に体質を改善したい人には、日頃どうすればいいかの説明をすれば、自然と話が次の予約も入れる流れになる。逆に、ただリラックスしたいだけの人には、予約の話はいっさいせず、静かに施術します。「はい、終わりましたよ」「また、メンテナンスに来てくださいね」というだけにとどめる。そのほうがリピーターになってくれる確率が高いのです。

そんなふうに、相手のニーズを理解し、受け止め、自分のアプローチを変えることを地道に繰り返すうちに、キャンセルは自然と減り、リピーターが増えていきました。

いままで自分は、相手に文句を言うだけで、自分で何かしていただろうか？　自分のわがままや、「こう思ってるのに」が通らない世界になってやっと、自分に実力がなかったからだと理解しました。

結果的に4年と、整体師をいちばん長く続けられましたが、それは、一連の流れのすべてを責任を持って自分でやれる楽しみがあったからだと思います。お客さまを獲得するうえで、自分で自分のしたことの責任を取るということを強く意識するようになりました。**なぜこの作業をする必要があるのかがわからないと、責任は持てません。**

しかし責任を持たないと、「自分らしく働く」こともありえなかったのです。

会社で働いていると、自分の仕事は全体の中のわずか一部です。

本当に優秀な人は、会社員だろうが自営業だろうが関係なく、仕事全体の動きを把握して、自分の役割を理解して働いているのでしょう。しかし、僕はそれがわかっていなかったのです。

そして相手の思いや意図を受け入れられるようになって、初めて主体的に自分らしく仕事ができるようになっていきましたが、それにつれて、仕事もどんどん軌道に乗りました。多い日は一日6人のお客さまを施術するようになりました。一日中施術しどおしです。

三年目から月収は、平均して30万円に。会社に縛られるわけでもなく、好きなことをしながらだったので、当時はとても楽しく、整体で起業するか、師匠でもあるオーナーと一緒に、会社を大きくしようかとも考えていました。

しかし、ある出来事があって、結果的にそれは選択しませんでした。その出来事とは、**父の死**です。

人はいつ死ぬかわからない いま死んでも満足できるか？

それは、突然の死でした。

父は前にも書いたように長くうつ病を患っていました。でも、死因はそのせいではありません。窒息死でした。


ある夜中、1時くらいに兄から突然電話がかかってきました。兄から電話がかかってくることは珍しく、何かと思って出ると、「親父、死んだよ」と唐突に切り出されました。検死によれば、睡眠導入剤をたくさん飲んでしまったようで、寝返りをうって枕で顔がふさがれてしまったようでした。普通なら目が覚めるところですが、薬が効きすぎていたのか、そのまま息を引き取ったようでした。

父はいつも情緒不安定なのですが、その日はとくに不安定だったようで、母が出かけるとき、「行かないでくれ」とずっと言っていたそうです。母にしてみれば、「何を言ってるの」という感じだったと思います。父の言葉を振り切って出かけた日にそんなことになったので、母は非常に後悔をしていました。

つい数週間前に会って普通に話もしていた父は、突然いなくなってしまったのです。62歳でした。

人はいつ死ぬかわからない。しかも死んだら、何もあの世に持っていけない。

父のベッドや服、歯ブラシなどの日用品に、いつも父が座っていたソファ……。父がいた痕跡を眺めながら、「死」という終わりが現実のものとして僕の中に降り注いできました。**僕もいつ死ぬかは誰にもわからない。明日死ぬことだってありえる。そのとき、僕は満足できるだろうか？**

やりたいことをやりきって、好きなことに囲まれて、自由に生きたい――そう強く、強く自覚したのがこのときでした。

さて、ここまでお話しして、あなたはどうでしょうか？　あなたは明日死んでも満足してあの世に行けますか？　死というものは、あまりポジティブに話すものではありません。しかし、誰もがいずれは迎えるものです。それが人生のゴールと言っても過言ではありません。

どんな人生だったとしても、「死」というゴールテープを切る瞬間はやってきます。あなたはその瞬間、どんな顔をして、どんな思いで、ゴールテープを切りたいでしょうか？

時間は不可逆です。誰もが一瞬一瞬、そのゴールテープに向かって歩いています。

いまこの一瞬が、実は勝負の一瞬なのではないでしょうか。

第3章

動き出したら止まらない
自由に向かって暗中模索

ネットワークビジネスへの挑戦

友人からネットワークビジネスに誘われたのは、ちょうど父の死を迎えたときでした。少し前から何度か話を聞かされ、気になっていたのですが、それほど強い関心があったわけではありません。自分にできるかどうかも不安でした。

しかし、ネットワークビジネスの成功者たちの話は魅力的で憧れだったことも事実です。結局、あの世に何も持っていけないわけですから、いまこの瞬間を好きなこと、興味のあることをして生きなければ、もったいない。「死」というものが、僕のスイッチを一つ押していたのでした。

ネットワークビジネスに誘ってくれたその友人は、僕が最初に就職した化粧品会社を辞めてプロ野球選手になった人でした。彼は、地方リーグの選手として活躍する傍ら、副業でネットワークビジネスを始めていたのです。僕に刺激を与えた友人の話ですから、余計に気になったというのもあります。

ネットワークビジネスとは、簡単にいうと人間関係を通じて会員を誘い、洗剤や鍋、浄水器といった商品を買ってもらうビジネスです。正式には「連鎖販売取引」といって、「マルチ商法」と批判的な呼ばれ方をしていたこともあります。このビジネスモデルでは、消費者へ直接製品を販売しているので、通常のメーカーと違って中間マージンがかからず、また自社製品の広告を出さないため広告費もかかりません。その代わりにメンバーの「口コミ」で新たなユーザーを獲得する、という手法をとっています。

自分が勧誘した会員（子）が新たに会員（孫）を勧誘して商品を売ると、そのマージンが自分にも入ってきます。さらに、孫会員がまた新たな会員（ひ孫）を勧誘すると、やはりマージンが入ります。これを繰り返していると、徐々に自分を頂点とするグループが形成されます。さらに、そのグループ単位で一定の売上を確保し続けると、母体企業から報奨金がもらえるしくみです。

ネットワークビジネスの最終的な目標は、「権利収入」を得ること。権利収入とは、自分が働かなくても得られる収入のことです。飲食店のオーナーや投資家、不動産投資家、株の配当で暮らしている人などは、権利収入で暮らしています。ネットワークビジネスでは、メンバーが増えるほど収入を増やすことができますが、自分のグループ内で常に勧誘が行われているので、いずれ自分は働かなくても自動的に収入が増え続けるしくみになっていると説明されることがほとんどです。

最初は相当な努力が必要だと思いますが、自分を頂点とするグループができて、安定した売上が取れるようになれば、それほど苦労をしなくてもサラリーマンではとても考えられないような大きな収入を手にすることが、「理論上は」可能です。

僕は、セミナーや小規模なミーティングを通じて、このビジネスで成功した人たちの話をたくさん聞きました。夢を語り、大きな成功を手にした人たちです。成功者の話を聞けば聞くほど、引き込まれていく自分を感じたものです。

そしてある日、足を運んだ経済セミナーで衝撃を受けて、スイッチが入ったという経緯は、第1章でお伝えしたとおりです。

セミナーを受けてスイッチの入った僕は、「これはやるっきゃない!」と、整体師の傍らネットワークビジネスに挑戦を始めます。
しかし、正直惨憺《さんたん》たる結果に終わってしまいました。

「理論上は」良い商品、素晴らしいしくみ

ネットワークビジネスには、ポジティブな意見がある一方、ネガティブな意見もかなり多くあるのはご存知のとおりです。最初は顧客もいないので、親族や友人に商品を勧めて、買ってもらわなければなりません。そのために人間関係が悪くなったり、売上目標を達成するため、自分で商品を買わざるを得なくなったりするといった評判があります。実際、僕もネットワークビジネスでかなりの友人をなくしました。

僕はもともと人目を気にするタイプですが、「楽しそうだな」「おもしろそうだな」と思ったら、たとえネガティブな意見があっても、とりあえずやってみようと思うタイプでもあります。加えて、商品の説明を聞いて、その値段の理由も納得できるもの

に感じて、「これなら自信を持って勧められる」と思ったのです。

使い所がわからない「節約できる鍋」のセット

商品の一例を紹介しましょう。僕が販売したものには、ある鍋のセットがありました。ただしこれは単なる鍋ではありません。**「節約できる鍋」**のセットです。一般に「無水調理鍋」といわれるもので、水を使わなくても、食材の水分だけで調理ができてしまうというもの。水を使わないので、水道代が節約できます。

また、特殊な構造になっているので熱伝導率が非常に高く、強火でなければいけないところでも中火でできる。つまり、ガス代も節約できるというわけです。

それだけではありません。水を使わないということは栄養やうまみが溶け出さず、素材の味をまるごと生かせるので、調味料も節約できるのです。例えば、ホウレンソウを茹でると水が緑色になりますが、それは栄養やうまみが溶け出ているから。ところが、この無水調理鍋を使えば、エキスがホウレンソウの中で凝縮され、野菜の味がしっかり出るため、調味料の節約にもなるのです。

どうでしょうか。みなさん、この鍋セットが欲しくなってきたでしょうか？

実際にデモンストレーションで調理されたものをいただいてみると、ホウレンソウもチキンも、調味料も使わず鍋に入れるだけでとってもジューシーにいただけたのです。

ゆで卵も水なしでできます。ティッシュに水をつけて卵をくるんで鍋に入れて火を通すと、すぐにゆで上がります。いつもなら塩をつけて食べるのですが、卵の味だけでおいしく食べられました。

こんなに簡単に、おいしく調理できるのに、節約にもなる。

食材費、水道代、ガス代、調味料代……1回1回はわずかな金額ですが、1カ月積み重なれば、だいたい5000円は節約できる、というものです。どうでしょう。少々お高くても良い買い物になりそうだと思いませんか。

実は、その鍋のセットのお値段は、**20数万円**。しかしクレジットカードの分割払いにすれば、月々の支払いはちょうど5000円ほどで、節約分とさほど変わりません。

つまり、20数万円の鍋がタダで手に入るのと同じなんです！

僕は、この一連の説明を聞いて、「これなら、買ってもらってもちゃんと喜んでもらえる。僕にとってもビジネスになって、良いシステムだ」と、すっかり納得していました。


しかし、そう簡単にいくわけはありません。

話を聞いてくれる人はすぐに周りから誰もいなくなりました。商品じたいも、実際に自分で買ってみると現実離れしたものだということがよくわかりました。

鍋セットは確かに豪華で、いくつ入っているのかもう忘れてしまうほど。大きな段ボール3つ分の鍋が家に届くのです。これがあれば、おせち料理からフランス料理、デザートまで、作れないものはありません。

しかし、それを見た妻は怪訝な顔をして**「これ、誰が使うの？」**と一言。「こんなにあっても使い方がわからないし、置き場もない」と、段ボールから出しもしません。

ネットワークビジネスが主催する料理教室に通えば、それぞれの使い方も教わることができると伝えても、「そういうの嫌だから、わたし……」と相手にされずじまい。

結局、ずっと箱にしまわれたまま放置されるというありさまでした。

自分の家でさえこうなのだから、他人に勧める気力が急速に萎えていきました。

最終的にタダになるという説明も、毎日使ってこそのこと。使わなければただの負債です。理論上は間違っていない話ですが、机上の空論。現実的には無理でした。

僕が参加したネットワークビジネスでは、実際の収入は売上が3万円を超えると3％のキャッシュバックがもらえます。売上が上がるほどキャッシュバック率も上がります。キャッシュバック率には上限がありますが、それとは別に、販売した実績に応じて報奨金があり、会社には、合計で数千万円の年収を手にしている人も実際にいました。

当初の僕の目算は、月に180万円の売上を上げ、25万円ほどの利益をいただくイメージでした。しかし実際には1万円にもなればいいほうでした。

売上を伸ばすには、自分のグループを広げていかないと話にならないのですが、友人親戚は聞く耳持たず。グループを広げられるイメージもすぐに湧かなくなりました。

ショックだったのは、自分が販売している同じ商品がネットで安く売られていたのを見たときです。これはもう、売れるわけがありません。

逆に言えば、こうした中でもしっかり利益を出している人がいるのはすごいことです。そういう人たちはどうやって成功しているのだろう？　成功者たちのやり方を探るべくネットでしらみ潰しに情報を探っているときに、僕は次にインターネットビジネスの世界と出会います。

自由への道はほかにもあった

ネットワークビジネスのノウハウを探していたときにたまたま目に止まったブログがおもしろくて、意識してよく読むようになったのが、インターネットビジネスとの出会いでした。

読むにつれ、徐々にブログの筆者さんに興味を持つようになりました。

その人の暮らしは、とにかく楽しそう！　会社に通っているわけでもなく、自由気ままにやりたいときに仕事をして、海外旅行へ行ったりしている様子です。それはまさに僕が望んでいたような生き方でした。

別にネットワークビジネスでなくても、僕の理想とする自由な暮らしを手に入れる方法はあるのだ――そう気づいたとたん、俄然その人に興味が湧き、すぐ連絡を取ってみることにしました。

いったい、このブログの筆者はどうやって稼いでいるのだろう？　何をすればそうなれるのだろう？　その人はすぐに返事をくださり、電話で話すことになりました。

聞けば、アフィリエイトなどの**「インターネットビジネス」**を生業にしているというのです。それがどんなものか知りたいならばと勧められたインターネットビジネスのセミナーに、僕はすぐさま参加しました。

ところが、いざセミナーに参加してみると、ちんぷんかんぷん。言っている内容や用語が難しすぎて、理解できないことばかり。「ＳＮＳマーケティング」とは何か、そもそも「マーケティング」とはなんぞや……いま思えば基礎的なことばかりですが、僕には何のことやらさっぱりわかりませんでした。

しかも実際にインターネットビジネスを始めるために支援コンサルティングを受けるには、35万円かかるといいます。「セミナーだけの特別価格」でしたが、その金額に面食らったことを覚えています。そのときはいったん断り、またネットワークビジネスに取り組むことにしました。
それは2016年の6月過ぎのことでした。

刻々と迫るタイムリミット

実は、その時点で**次の年の3月には整体師の仕事を辞めることが決まっていた**のでした。新しいビジネスにトライするなら、時間をもっと確保して専念したい。そのためには、整体師を辞めよう——当時、僕が辞めたら誰も店を引き継ぐ人がおらず、店舗を閉鎖しなければならない状況でした。店舗の解約も伝えてしまっているため、後戻りのできない状況になっていたのです。

インターネットビジネスのセミナーで面食らった僕は、7月、8月、9月とさらに3カ月ネットワークビジネスにトライしましたが、やはり結果は出ません。ネットワークビジネスでは整体師のときの収入すら稼ぐことができないのです。このままネットワークビジネスをやり続けても、意味がないと納得するに十分でした。

しかしだからといって、次の手を悠長に考えている暇はありません。あと半年以内に、なんらかの成果を出していなければ、家族が路頭に迷います。手をこまねいている場合ではありません。そこでもう一回、インターネットビジネスの話を聞いてみることにしました。

インターネットビジネスに40万円を投資

事情を話すと、「コンサルティングを受ければ、3月までに稼げるように変われますよ！」とのこと。しかし、そのコンサルティングを受けるには40万円が必要というのです。前回のセミナーの35万円はやっぱり特別価格だったようです。

しかし僕も後がなくなりつつあるのです。そのコンサルティングを受けることにしました。すると、「宮下さん、もしネットだけで稼ぎたいならアフィリエイトを学んではどうでしょう？　月に30万〜40万円稼げますよ」と新しい支援コンサルティングも紹介してくれました。

元の支援コンサルティングと合わせて70万円。消費税も合わせれば75万円。正直悩みましたが、**何もやらなければ始まらない**のです。**どうせ払うなら両方学んでやろう**と、結局75万円を投資して、一か八かでアフィリエイトや情報販売といったインターネットビジネスにトライすることに決めたのでした。

アフィリエイトというのは成功報酬型の広告のこと。自分が運営するサイトを通じて商品を買ってもらうと、バックマージンがもらえるというものです。副業でやっている人でも数十万円稼いでいる人もいるようです。

ときは11月下旬。タイムリミットまであと4カ月というときでした。

しかし、結論から言うと年末までの1カ月、芳しい結果は出ずじまいでした。1カ月やって、収入はわずか1万円でした。

アフィリエイトで稼ぐには、まずユーザーにブログを見てもらう必要があります。そこでページビュー（ＰＶ）を集めやすい、集客しやすいトレンドブログを開設しました。その時々の流行や話題のニュースの要旨を短くわかりやすくまとめて紹介するサイトです。そこに記事を載せなければいけないのですが、最初は800字の記事を1本書くのに数時間もかかっていました。慣れてくると、毎日4本は更新できるようになりました。でも、PVはなかなか上がらず、平均して1日200〜300くらい。たまに記事が当たっても5000PVほど。アフィリエイトで稼ぐ人たちのブログは、100万PV、200万PVは最低でもあります。

月に30万円以上稼ぐつもりで始めたビジネスが、全く結果になりません。なぜうまくいかないのか、コンサルタントの人に教わったことを片っ端からやっても、やはりうまくいきません。そうこうしているうちにも、どんどん時間だけは経っていきます。

アフィリエイトをやっていてもラチが明かないと思い始めたころ、僕を指導してくれていたコンサルタントさんからある提案をもらいました。実はコンサルタントさん自身のメインの収入源はアフィリエイトではなく、コンサルティング業で稼いでいるというのです。

お金を稼ぎたい人たちにアフィリエイトのやり方を教えるコンサルティングは、一人30万円、40万円です。しかし僕はアフィリエイトの実績はありません。「宮下さんはまだ教える内容がないから、私のコンサルティングを営業してくれたら1本10万円出しますよ」と言ってくれたのです。

ありがたい話に今度こそはという思いで飛びつきましたが、これまたなかなか売れません。いくら一生懸命やってもほとんど結果が出なかったので、どんどん自信を失って余計に売り込めない……という悪循環にはまっていきました。そうして、1月が過ぎて2月になっていました。

0から1をつくり、どう育てるか

いよいよあと1カ月で結果を出さなければなりません。東京へ行って知人に相談してみたりするも、うまくいかない状態が続いていました。そんなとき、たまたま教えてもらった動画が、僕の転機になりました。

動画を配信していたのは、数々のビジネスを成功させてきた起業家の方でした。自身の体験を基に、後に続く経営者を育てたいと、無料で動画を公開していたのでした。その数はゆうに100本以上。僕は片っ端から全て見ていました。

内容は、ビジネスの考え方から、どうやったら月収100万円稼げるかという具体的なノウハウまでいろいろ。いずれも説明は的を射たものばかりで、どういうステップを踏めばいいのかも明確でした。

特に印象に残った話を紹介しましょう。

「稼ぎたいなら、まずは0から1をつくりなさい」

その人は、「何でもいいから、まず実績をつくれ」と言います。たとえ5万円でも、実際に稼いだという実績が大事だと言うのです。

しかし、それ以上に大事なのは、その5万円を**「育てる」**こと。

世の中に5万円でも収入を増やしたいと思っている人がどれくらいいるでしょうか。ものすごく大勢います。だから今度は、その5万円稼いだノウハウをコンサルタントとして教える側、情報を発信する側になれと言います。

5万円稼いだことを発信すると、「僕も5万円稼ぎたいです」という人が集まってきます。ノウハウを1人いくらかで教えれば、その「5万稼ぐ方法」が15万円にも20万円にもなります。

このように、とても話のイメージもつきやすく、しかも実際に何をやればいいのかも具体的な説明があり、学びがリアルに浸透してくる感覚がありました。

実際学んだ人たちが結果を出しているという事例もたくさん紹介されていました。

そこでその動画を配信していた経営者の方の下でビジネスを学ぼうと、連絡をとってみることにしたのです。

最後の投資・リボ払いの65万円が80万円に

実際に会って話を聞くと、暮らしぶりや働き方だけでなく、マインドが自由でオープン。まさにこれが僕の求めていた本当の自由のかたちでした。

ぜひ、この人にビジネスを教わりたい！　しかし当然、タダで教われることはありません。彼のビジネスコンサルティングを受けるには、65万円かかるというのです。

ときはすでに3月。もう後はありません。いよいよ整体師を辞める月です。

しかし、「この人についていけば必ずうまくいく！」と、僕には迷う気持ちは微塵《みじん》もありませんでした。

とはいえ、もう手元に現金はありません。クレジットカードのリボ払いにしてもらい、なんとか65万円を工面して、コンサルティングを受けることにしました。これが正真正銘、最後の投資です。

しかし、この65万円が僕のブレークスルーになりました。その一カ月で80万円を稼ぎ出したのです。

情報は発信する側になれ

いま僕は、チームのみんなと一緒に、月商4000万～5000万円を稼いでいます。

割合でいうと、99％が情報発信、具体的にはコミュニティビジネスやスクールビジネスが占めています。

ここでは、僕が経営者の先輩方から教わったことや、具体的なビジネスのノウハウを教えています。凡人体質で、いろんな失敗をしてきた僕だからこそ伝えられることがある。最初はそんなことあるのだろうか？　と思っていましたが、いまでは自信を持って「ＹＥＳ！」と言えます。

情報は受け取るだけでは何もなりません。

自分の体験や経験なんて、何にもならない。あなたがそう思っているかもしれないことが、実は多くの人の欲しい情報かもしれないのです。

あなたがいま、「夢を叶えたい」「稼げる自分になりたい」「独立、脱サラしたい」「豊かな人生を歩みたい」と思っているなら、「ビジネスの本質」を理解すれば必ず叶います。

そのビジネスの本質とは何かと、挑戦するための壁の乗り越え方を、次章で解説しましょう。

第4章

心のブレーキを外す人生逆転思考

自分のビジネスを始める前に

ビジネスの本質とは？

さて、「自分らしく自由に働きたい……」と、みなさんは考えているところかと思いますが、そもそもビジネスとは何か？　それを考えたことがある人はいるでしょうか？

もちろん感覚で「なんとなく」理解はしているでしょう。しかし、いざそれを言語化しようとすると、曖昧な言葉になってしまうのではないかと思います。

「ビジネスの本質とは何か？」

みなさんはどう答えますか？

ビジネスの本質とは、「誰かの悩みを解決すること」です。

人の悩みにはどんなものがあるか大別すると、「お金を稼ぎたい」「成功したい」「美しく／かっこよくなりたい」「結婚したい／恋人が欲しい」などがあります。人の抱える悩みから発想を展開すると、ビジネスの種は無数にあります。しかしいま挙げた悩みは**古今東西、誰もが抱えた普遍の悩み。つまり、ビジネスチャンスとしてとても大きいフィールド**なのです。

そして、それぞれの悩みの解決法を提示するのがビジネスの本質です。

しかし、どんな悩みにせよ、その悩みを解決する手段がなければビジネスになりません。もしあなたに何の手段もないなら、インプットするしかありません。インプットをせずにビジネスを始めるというのは、商品を仕入れずにお店を開こうとしているのと同じです。コンビニでもスーパーでも、ます商品を仕入れなければ始まりません。

ではどうすればいいのか？

まずは**学ぶ**ことです。どの「悩み」を自分のフィールドにしたいかを決めたら、その**解決法について確かな知識をつけることが、ビジネスの「仕入れ」**です。

その知識を多くの人に教えていく「アウトプット」が「販売」になるのです。

お客さまをつくる

マーケティングの3要素

ビジネスの本質を理解し、商品をインプットしても、それだけは不十分。お客さまをつくること、つまりマーケティングをしなくてはいけません。

マーケティングは簡単に言うと、**「集客・教育・営業」の3つの要素で成り立っています。この3要素が揃って初めて商品が売れていきます。**黙っていては、お客さまは集まりません。どんなにおいしい料理を提供するお店でも、看板や広告を出し、チラシを配り、自分の存在を知ってもらわなければ始まりません。SNSなどインターネット上で積極的に自分を発信したいものです。

僕は、自分のサービスの紹介だけでなく、それによってどんな結果が得られるかを紹介しています。「こんな結果が出ました」というだけでなく、「どんなところに行った」「こんな生活をしている」ということも発信しています。

それは、僕の「サービス」を購入した結果、得られるメリットを具体的にイメージしてもらうためです。


自分の発言を基にどういう人が集まるかが決まります。

自分がどう思っているのか、何を感じているのかを積極的に伝えましょう。自分はどういう人で、どういう幸せを得ていて、何を提供できるのか。

自分の価値観をきちんと理解していなければ、これらのメッセージを発信できません。自分の望み、価値観、強み……自分の心の声を、ちゃんと聞くことが、自分らしく働く第一歩です。

自分の価値観を理解しておく

自分の価値観こそ人生の地図

「人生に標識なし」。

僕がビジネスを教えている方々にときどき伝える言葉です。

人が生きるうえで、矢印のついた道標も地図もありません。右に行ったらこうなる、左に行ったらこうなる……なんていうことは、誰も教えてくれません。標識は立っていないのです。しかし、人生はあまたの分かれ道の中からどの道を行くのか常に選び続けなければなりません。

第1章でも書きましたが、悩みや不満があるというのは、**自分の理想とする状態から乖離があること**ということです。似たような人生でも、満足している人と、不満を抱えている人がいますが、その違いは何か？　それは、自分の価値観と実際の生き方が合致しているか否かです。そのギャップの埋め方がわからないから悩み、埋められないと思って諦めます。あなたの望みとは、**自分の価値観に沿う生き方、暮らしをしたい**ということではないでしょうか？

いまは、それに辿りつくまでの数々の分かれ道で迷ってしまっている状態です。しかし何か基準があれば、理想へ辿りつきやすくなります。その判断基準こそ、あなたの価値観であり、人生の地図になります。それを得るためには、自分が本当に望むものをしっかり把握しなければなりません。

その際、あなたがいま持っている価値観の枠を全て取っ払って考えてみることが有効です。

人は、固定観念や既成概念に縛られているものです。あまりにも当たり前すぎて、無意識の価値観もあるでしょう。「会社を辞めると迷惑がかかる」「スキルもないのに、無鉄砲だと思われる」……そんなふうに、世間の評判を気にしたり、人の目を気にしたりするのもその延長です。それに振り回されずに、本当に自分が望む選択をするには、そうした他者からの視線を一度全て取っ払う必要があります。

僕の好きな作家さんの言葉ですが、**「思考を柔らかくすること」**。これはとても大事です。

だからまず、頭が固くなっていないかをチェックしましょう。

そのコツは、**自分の思っていることをとりあえず疑って自分自身に問いかけてみる**ことです。

僕は自由になりたくてしかたなかったと書きましたが、整体師としての日々は、それはそれで楽しかったです。仕事は充実しているし、休みの日は家族や気心知れた友人たちと過ごし、将来を見通しても収入に少し余裕が持てる……。一般的に幸せといわれるであろうライフスタイルです。しかし、もし別の生き方があるとしたら？　そんな視点で周りを見渡してみると見えてくることがあるのです。

いまの自分の暮らしが、もし誰かから見たら「ふつう」ではなかったら？

そう思って周りを見渡してみると、もっと楽しそうに生活している人がいたり、もっと自分にとって興味のあることをやっていたりする人がいることに気づくはずです。

いままで当たり前に「ふつう」だと思っていたことから、**ちょっと視線をずらすだけ**

で、それまで見えなかったことが見えてきます。

自分の「好き」を知るワーク

「なぜお金が欲しいのか」「何をしたいのか」「自分は本当は何が好きなのか」ということを知る、すごくシンプルで簡単な方法があります。図1のように、ポジティブな思い出とネガティブな思い出の両方を書き出し、その理由を考えてみるのです。

自分が嬉しかった、楽しかった経験だけでなく、自分の嫌だったこと、悔しかったこと、悲しかったことなど、ネガティブな思い出も振り返ることが大切です。

ネガティブな思い出を書き出したら、それを反転させて捉え直してみましょう。「どうしても嫌だったこと」「もう関わりたくない人」というのは、反転すれば、「好きなこと」「関わりたい人」というのを教えてくれます。

例えば僕なら、結婚式プロデュースの会社で毎日上司に怒鳴られ続けたのは、死ぬほど嫌な思い出です。「もう、あんな人とは関わりたくない！」とすら思ったほどで

図1　思い出から「好き」を見つけるワーク

ネガティブな思い出	ポジティブな思い出
・上司に毎日怒鳴られて辛かった。 →認めてもらえないのが嫌。 →自分を認めてくれる人たちと仕事したい。	・モチベーションを上げるのがうまいと仕事仲間にほめられる。 →貢献できて嬉しい。
・子どもの頃、父がうつ病でそれを友人に知られるのが嫌だった。 →プライド。変なところを見せたくない。 →バカにされるかも……。	・個人売上で1位を取ったとき。 →認めてもらえる優越感。

10歳まで、20歳までなど、期間を区切ってやってみるのがおすすめ。感情の移り変わりを自分で把握することで、自らの価値観を明確にできます。

す。それはなぜかを一歩深く考えてみると、僕のことを認め、信頼してくれなかったこと、信じて話を聞いてくれなかったことが嫌だったというのがわかります。

そうしたら、それを反転させて考えてみましょう。本当に好きなことはその反対の方向にあるからです。

僕の場合、関わりたいのは、「僕を認めてくれる人」「信頼して任せてくれる人」であるということです。


さまざまな固定観念、他者の目線に囲まれていると、自分の「好き」を見失うことがあります。しかし、過去の体験を棚卸しすることで自分の「好き」を取り戻し、明確にすることができます。

望む道筋を明確にするワーク

もう一つ、自分の望みを明確にするために、コーチングで使われるワークを紹介しましょう。図2を見てください。

まず、ネガティブな過去、ポジティブな過去を書き込みます。それに基づく現在の状況を「現在」の枠に書き込みます。次に、「どういうことをしていたいか」というポジティブな未来と、「これはしていたくない」というネガティブな未来を書き入れます。

そして最上段に、プラスの未来を通った先に手に入れていたいものを書き込みます。メリットやそのとき感じていたい感情などを、具体的に書き出します。

このワークは、本当に自分がやりたいこと、やりたくないことを引き出せるもの。「これは自分の望みに叶うものなのだろうか？」ということを、自分自身に問いかけてみるのに、ぜひ試してみてください。

僕は「こんなことをして、こんな体験をしていたい」というイメージは、常に持つようにしています。日々、さまざまな仕事の依頼を受けるなど、決断が必要なときがありますが、自分がどうするべきか悩むことはもちろんあります。

しかし、未来をイメージしていれば、「これは自分の望む未来に行くために、ふさわしいものか？」と、自分の判断基準を明確にすることができます。

図2　望む未来を明確にするワーク

未来 ＋＋

毎日最高に幸せ！　と言い、周りの人に感謝され、死んだときに「やりきった～！」「最高だった～！」と言って死ぬ。

未来 －

・ずっと同じことの繰り返し。
・上司から反対される。
・好きな食べ物を選べない。

未来 ＋

・お客さまから感謝される。
・上司にも認められる。
・好きなものを食べられる。
・好きな場所に住める。

現在

・会社と家の往復。毎日同じ時間に起きて、ご飯を食べて、会社に行って、帰ってきての繰り返し。お金も好きなものが買えない。好きなご飯も食べられない。
・お客さまとの関係も希薄。
・上司と良いコミュニケーションが取れていない。
・毎日同じことの繰り返し。
→つまらない。

過去 －

・上司に毎日怒鳴られて辛かった。
→認めてもらえないのが嫌。
・提供した商品に対して、お客さまからクレームが来ている。
・ご飯を食べに行っても、食べたいものが食べられない。

過去 ＋

・おいしいごはんを食べに行って、幸福感に包まれた。
・海外旅行に行って、新しい価値観に触れたとき、すごくワクワクした。
・お客さまからの紹介。
→感謝されてる。喜んでもらえてる。
・海へ行ったときに、清々しい気持ちになった。
・新入社員の頃、先輩社員に「大和くんは優秀だね」とほめられたとき。
→認めてもらってる嬉しさ。

僕の例。サラリーマン時代と整体師時代のことを振り返って書き込みました。ネガティブとポジティブは反転して考えると出てきやすくなります。

人生に標識はありません。決めるのは自分。**自分の好き、望みに従って、ものごとを決断していくことが、「自分軸で生きる」ということ**です。まずは、自分が好きなこと、心から望むものを知り、明確な判断の軸を自分の中に据えましょう。

情報の取捨選択のためにも

自分の軸を太く持つ

自分の軸をしっかり持つというのは、ときに難しいものです。

いまは情報社会。情報が多すぎて、他人の意見に左右されがちです。

特に、違う価値観の人が成功したり、楽しそうにしていたり、うまくいっている様子を目の当たりにすると、自分の考えはこれでいいのだろうかと自信を失うこともあるでしょう。「やっぱり、こっちのほうがいいのかな」と、自分の軸に自信が持てなくなるのです。

しかしだからといって、**誰かの真似をしてもうまくいかないもの**です。

自分と違う価値観でも成功する人がいるのは当然。その価値観が、その人にとって自然で、ぴったりフィットしているから成功しているのです。自分にフィットしない価値観を形だけ真似て挑戦しても、成功にはたどり着けません。

だから、あくまでも自分の心が望むことを信頼すること。**自分の価値観を重要だと思えるかどうかが成功への分岐点です。**

他方、難しいのは自分の価値観に囚《とら》われ過ぎないようにすることです。他人の話を素直に聞けなかったり、別の価値観を受け入れられなかったりするのも問題です。

尊敬できる人であれば、素直に吸収できますが、「気に食わないやつ」だとそうもいきませんね。そんなときは、なぜ嫌いなのか、気に食わないかを勇気を持って一度考えてみましょう。すると「憧れ」が奥に隠れていることがあります。そんなときは、悔しくても吸収してみると、自分の幅が広がります。

さて、ここまで読んで自分の思いを確認しながらも、なかなか一歩を踏み出せないという人もいるでしょう。

その理由は何でしょうか？　いろんな「できない」を考えてはいませんか？

次からは、僕が乗り越えてきた経験から伝えられる、「できない」を乗り越えるコツを一つずつ解説していきましょう。

「できない」を「できる」に変える第一歩

会う人を変える、環境を変える

人生を変えるにはどうしたらいいか?

それは、会う人を変えること。
最初にやるべきはこれです。

僕の場合、親しんだ山梨でずっと同じ人に会い続けていたら、どれだけ知識が刷り込まれようが、勉強しようが、頑張っても変われなかったと思います。自分一人の力には限界があるからです。

僕は動画を通じて出会った経営者の方を始め、いろんな経営者の方々から学ぶようになってから、関わる人が大きく変わりました。彼らのいる環境には、いままでの人生で出会ったことがないような人たちがたくさんいたのです。その中に身を置いていると、自然と新しい価値観がインストールされていったのです。

手本がある、変え方がわかる

本などにはよく、「考え方が大事」「やり方が大事」といった話が出ています。もちろんそれも大事ですが、それだけでは人生はなかなか変わりません。変え方がわからないからです。

人に会うといろいろなことが見えてきます。稼いでいる人に会えば、その人ができていて自分にはできていないことが見えてきます。**「この人は行動が早いな」「こういう考え方で決断するんだ」**ということを体感します。

僕が最初、経営者の方々と触れ合うようになってから、彼らのスピードが抜群に早いことに圧倒されました。仕事のスピードはむろんのこと、遊びもパッと思いついたらすぐに行動に移します。

「ドライブ行きたいね」という話になったら、多くの場合「じゃあ、どこに行こうか？」「いつ行こうか？」といった、計画のことを、まず話し合うかと思います。しかし成功している人たちはそうではありません。「じゃあ、行こう！」と、車を手配し始めます。**考える前に、まず行動している**のです。

そんな姿を日々、目の当たりにしていると自分もだんだん変わってきます。「もっとフットワークを軽くしよう」「こういう考え方をすればいいんだ」など、お手本が目の前で「やってみせて」くれているのです。

その積み重ねによって、自分はどうするべきかということが見えてきます。どれだけ学ぼうかとか、どれだけ知識をつけようかということにもつながっていくのです。

また、**「悪い手本」も見えてきます**。例えば、自分が何か学んだとき、「これを学んだからアウトプットしよう！」と、すぐ情報を発信する人がいます。一方で、アウトプットするでもなく、ただ聞いて満足しているだけの人も見えてきます。成長する人とそうでない人の「違い」が見えるようになると、さらに学ぶスピードが上がります。

モチベーションが上がる刺激を得られる

会う人を変えるもう一つの効果は、「こんなふうになりたい!」「みんな頑張ってるのだから自分も!」と、モチベーションが上がることです。

変わりたい、自由を手に入れたいと思っても、ふだん関わる人が変わらなければ、**新しい気づきがどうしても少なくなります。**

大学受験を例に説明しましょう。仮に勉強を全くしないで遊んでばかりという人たちと一緒にいるか、一流大学を目指して日々塾で勉強をしている人たちと一緒にいるか……どちらがより良い大学に行けそうでしょう? 一目瞭然、ふだんから勉強している人たちと一緒にいるほうです。二者は「当たり前」の基準が違います。1日1時間も勉強しないというのが「当たり前」の世界と、1日10時間勉強するのが「当たり前」の世界と、基準が違うのです。

ふだんから勉強する環境にいる子どもは、勉強に関する情報も多く得ますし、友人どうしで高め合うので受験に対するストレスも少なくなります。「朱に交われば赤くなる」と言うように、誰と一緒にいるかだけでなく、誰と一緒にいないかも同様に大切です。

またこんな例えではどうでしょうか。

僕は高校の進学先を決めるとき、野球の強豪校に行くか弱小校に行くかで悩み、レギュラーになるチャンスが多いと踏んで、弱小校へ進みました。弱小校でエースとして活躍して、努力もしてきた自負もありました。しかし、中学時代は僕より下手だった選手が、強豪校に進んでメキメキ腕を上げていて、僕より遥かに強くなっていたのです。実力も身体能力も僕のほうが高かったのに、高校3年の終わり頃には、彼にすっかり抜かされていました。名門校の練習量や競争のプレッシャーは、弱小校のそれとは雲泥の差。大きく差を広げられてしまったのです。

さて、あなたはいま、弱小校にいますか？　強豪校にいますか？　あなたはいま、どういう人と一緒にいるのかを考えてみてください。その環境は、あなたが望む環境にふさわしいものでしょうか？

環境の変え方がわからないという人も多いと思います。だからまずは「会う」ことが大事です。目標にしている人、稼いでいる人に会いに行きましょう。そして、週1日でも、その人と同じ環境に身を置いてみましょう。

いつまでも同じ人たちといるということは、それまでの人生の延長でしかないということです。会う人を変えることは、人生を変える第一歩です。

人は一人で頑張り続けることはできない

僕は、人の可能性は無限だと思っていますが、一人でずっと頑張り続けることはできない生き物だと思っています。自分の可能性を広げるにしても一人では視野に限界があります。他者から刺激を受けるほうが、ずっと効率的ですし、モチベーションも上がります。

だから、一人で頑張ろうとせず、仲間を見つけにいくこと。僕はさまざまな環境に身を置きましたが、**いちばん水の合う場所にいると、人はぐんぐん成長するものです。**あなたにとって、水の合う場所を諦めずに探していれば、必ず見つかります。

そもそも「やりたいこと」というのは、「自己実現欲求」からくるものです。

「自己実現欲求」とは、アメリカの心理学者、アブラハム・マズローの唱えた「欲求の5段階説」にある欲求の一つで、最上級の欲求です。

マズローによれば、人間の欲求は5段階のピラミッドのようになっており、底辺から始まり、1段階目の欲求が満たされると、1段階上の欲求を志すものと言います。

下から順に、「生理的欲求（食べたい寝たいなど本能的な欲求）」、「安全欲求（安全・安心な暮らしがしたい）」、「社会的欲求（居場所、仲間が欲しい）」、「承認欲求（他者から認められたい、尊敬されたい）」があり、最後に「自己実現欲求（自分の能力を引き出し創造的に活動したい）」があります。

「自己実現欲求」は、それより手前の「社会的欲求」や「承認欲求」が満たされていないと、意識が向かないものです。すなわち、居場所があり、ちゃんと周りから認められてる、と感じたときに初めて、人は自分がやりたいことに意識が向けられます。

そんな居場所を、人の輪を、まずは探しにいくこと。

僕は承認欲求が強いタイプでした。いまでも強いという自覚があります。

しかし、思い切っていままでいたコミュニティを抜け出し、信頼できる人たちを探しだしました。そして、「僕はこういう人だ」「こういう人が好きだ」と発信したことを受け止めてもらうことで、どんどん僕の居場所ができていきました。

あなたは、「自分はここにいていい」という場所を意識していますか?

自分がちゃんと周りの人から承認されていると感じていますか?

もし、それがまだだというならば、まずはそこから手を付けるのがいいかもしれません。

スキルがないから「できない」

結果が出ている人の真似をする

では、どういう人に会えばいいのか？

最初の動機は、「気になる」といった程度でも構いません。しかし、継続的に会うならまず、その人を好きかどうかが重要です。さらに、尊敬できるかどうか、というところも重要なポイントになるでしょう。

尊敬する人であれば、素直にその人の背中を見て学びを吸収していけます。

僕がネットワークビジネスで結果が出せなかった原因の一つは、**上位の人の言うことに素直になれなかった**というのがあると思っています。整体師の頃は素直にオーナーから吸収していったのに、なぜでしょうか？

ネットワークビジネスでの上位の先輩は、確かにかなり稼いでいたすごい人でした。

すごくまじめで、話すことも理路整然としていて正しいタイプの方です。しかしなんでも楽しくやりたい僕とは正反対のタイプの方だったので、自分のロールモデルとしてはイメージしづらかったのです。

スキルを身につけるいちばんの近道は、自分にフィットするロールモデルを見つけることです。

もしロールモデルとしてイメージが湧く、尊敬できる人に出会ったなら、その人をどんどん真似してみましょう！

昔から**「学ぶは真似ぶ」と言うように、お手本になる人、尊敬できる人を真似るというのは、学びの基本です。**稼ぎたいと思ったら、稼いでいる人の真似をする。スキルがないから無理なのではなく、結果を出しているスキルのある人の真似をすればいいのです。**自己流は事故ります。できない人ほどオリジナリティに固執します。**まずは「型」ありき。そこから自分流に崩していくのが近道です。

人脈がないから「できない」

会いたい人には連絡をしてみよう

よく「人脈がないから、自分でビジネスをするのは無理」と言う人がいますが、人脈は自分でつくるもの。いまはSNSを使えば、だいたいの人とコンタクトをとることができます。本当に心から会いたいと思っていれば、必ずどこかでつながりをつくることができます。

僕自身、いろんな経営者の方に自ら連絡をしたことが人生を変えるきっかけになりましたが、**一つひとつの出会いに意味を持たせられるかはあなた次第**です。

僕には憧れの作家さんがいるのですが、その方と偶然出会ったときのエピソードをご紹介しましょう。それは東京・恵比寿のお店での出来事でした。友人たちと食事をしていたら、同じ店でたまたまその方が食事をされていたのです。

僕はその作家さんの著書を片っ端から読んでいるほど憧れており、偶然のことに、本当に興奮しました。

絶対に声を掛けたいけど、どうしようか?

食事中はマナー違反です。考えた結果、帰りがけに狙いを定めることにしました。

それでも、ふつうに「ファンです」と言うだけではおもしろくありません。二度とはないチャンスなのですから、どうせなら何か印象に残る方法はないだろうか? そこで、その方の本を用意して、その場でサインをしてもらおうと決めました。

ところが、当然手元に本はありません。ひらめくやいなや近隣の本屋を探すものの、すでに夜も更けており、どこも閉店していました。そこで、近くに住んでいる知人たちにしらみ潰しに電話をかけて、近くにその方の著作がある本屋はないか、本を持っていないかを聞きまわりました。すると、奇跡的に一人本屋で買ってこれることになったのです。

じりじりと本の到着を待って、なんとかお店に届けてくれたときは、作家さんが帰るわずか5分前！　お会計をされているときという、ギリギリのタイミングでした。

本を手に声をおかけしたら驚いていましたが、経緯を説明するとさらに驚かれました。サプライズは成功。握手とサインをいただいて、本当に嬉しかったです。

翌日にはＳＮＳ経由でお礼のメッセージも送りました。もしいつかご縁に恵まれたときには、このときのことを覚えてもらえている可能性は上がったと自負しています。

縁とは、自ら手繰り寄せるものです。

勇気が出ない、失敗が怖いから「できない」

退路を断つ

100％満足はしていなくても、60％くらい満足した生活を送っていると、なかなかそこから一歩が踏み出せないものです。

「もし失敗したら、この60％も失ってしまうかもしれない……」――そう思うと、勇気が出ない。そう思う人は少なくありません。

では、どうすれば勇気を出すことができるのでしょう。

それは、退路を断つことです。**逃げられない状況を作ってしまうこと**です。

整体師をしていた当時、僕は店長として、オーナーから店舗を一つ任されていました。ほかにもう1人、整体師がいましたが、彼は独立を考えていたので、2人が辞めると、その店は畳まなくてはいけないという状況でした。

事前に、独立の意向はオーナーにも話していたのですが、それに伴って店を閉めるということは、賃貸契約を解除するということ。これは、半年前には解約の連絡をしておかなければなりません。つまり、解約の連絡をした時点で、その半年後には無収入が確定しますし、整体師として働く場も失います。後戻りができなくなったというわけです。

でも、これは僕にとってはいいことでした。期限も決まっていて、後戻りもできない。そんな状況をつくってしまえば、もう前に進むしかありません。

後戻りできない状況をつくるなら、家族や友人、同僚に、いまの仕事を「辞める」と宣言してしまうことです。**他者への宣言は自分との約束です。できれば、もし約束を守れなかったら自分にペナルティを与えるくらいのことをしておくと、なおいいでしょう。**そうなれば、覚悟を決められます。

僕のビジネスパートナーがアメリカの経営セミナーで聞いた話を一つご紹介しまし

ょう。

セミナーで「この中で、月収100万円稼ぐ自信のある人はいますか？」と講師が質問したそうです。すると、百名以上いる参加者のうち3〜4人がパラパラと手を挙げたといいます。非常に少ない数です。

続けて、そのコンサルタントはこう尋ねたそうです。

「もし、あなたの前に悪魔が現れて、契約書を差し出し、来月までに100万円稼がなければあなたの大切な人を殺すと迫られたとします。契約書にサインをしなければ、あなた自身を殺すと言うのです。あなたはサインをしてしまいます。こうした状況になった場合、みなさんは来月までに100万円を稼げますか？」

すると今度は、会場のほとんどの人が「稼げる」と、手を挙げたそうです。


質問の前と後で何が変わったでしょう？

自分にプレッシャーを与えたことです。それにより、仕事に対する意識が変わったのです。

僕の場合は、家族やオーナーに独立を宣言したことが、僕にとっての「契約書」となり、さらに失敗したら無収入になるという「罰」にもなっていました。こうなれば、もうやるしかありませんね。**成功するには「やり方」が大事と思われがちですが、実は「やる意識」のほうがはるかに大事です。**

もう一つ重要なことは、**退路を断つならいっぺんに**、ということ。

人は、**変わるときは一瞬で変わります。**大体の方は、右肩上がりで、ジワジワと良くなっていく人生をイメージします。だから、3年や5年といったタームで計画や目標を考えます。しかし実際僕がビジネスを教えていると、全く稼げなかった人が、ある日を境に想像がつかないほど稼ぐレベルが変わるというケースがほとんどです。鳴かず飛ばずだった人が、わずか3カ月で収入の桁が変わっていることも珍しくありません。うまくいかない日々のプレッシャーが限界まで達するのか、**意識のスイッチが切り替わるブレイクスルーポイントがある**のです。

徐々に階段を上るように変わっていくことが悪いとは言いませんが、**大きな変化は大きな決断からしか生まれません。**

何度でも自分の望みを問いかけよう

「その勇気が出ないんだよ！」

そう思う方もおられるでしょう。退路を断つことは簡単ではありません。何が起きるかわからない。全てを失うかもしれないと思うのは当たり前です。

そこで比べてみましょう。退路を断つ恐さと、いまの毎日が続く倦怠感と、どちらが嫌ですか？

失敗が恐いのは当然。しかし**やって失敗したときの怖さと、やらずに人生を終えてしまうのは、どちらが怖い**ですか？

いまこの瞬間に死んでも「やりきった」「後悔なく生きた」と思えればいいでしょう。しかし、そう思えないなら変わるしか選択肢はありません。

ぜひ、そんな視点から、自分の心の声を確認してみてください。

自分で勝手に自分の限界を決めて、行動することを諦めたらそこで終わりです。

人の目が気になるから「できない」

あなたが仲間入りしたいのは、5%の人？　95%の人？

何か新しいことを始めようとするときに、周囲の目を気にするのは当然のことです。上司の目、仲間の目、家族の目……人はいろんな視線を感じ取りながら生きています。人は「社会」の中で生きているのですから、その中でうまくやるためには、他者からの視線に気を配らずにはいられないのです。

しかし、それにがんじがらめになっていると、自分の望むものを選択しにくくなってしまいます。それではどうしたらいいのか？

何度も何度も、自分が本当に望むものは何なのか？　と自分に問い続けることで、自分の価値観が研ぎ澄まされていきます。

それは世の中の大多数の人とは意見が合わないかもしれません。

国税庁の「民間給与実態統計調査」によれば、一般的に金持ちと判断される「世帯年収1000万」は、日本人の中で5％もいません。もしあなたが、その5％を目指したいなら、残り95％のみんなと一緒の考えや価値観を大切にしていてなれるでしょうか？　残り95％の「みんなの常識」を大切にして叶うでしょうか？

逆に言えば、この5％の人たちは、自分の思いや価値観を恐れず貫いた人の割合なのかもしれませんね。

経験がないから「できない」

全てが経験値になる

いままで経験のないことにでもやるべきかどうか？

そう迷ったとき、僕は基本的に「チャレンジする」を選択しますが、特に「ワクワク」を感じることならやったほうがいいと思います。それは、自分が心から望むものだからです。

もちろん、そのときの自分の許容範囲を大きく超える挑戦なら無謀ですが、基本的に**チャレンジというのは結果がなんであれ経験につながります。**それが新たな価値観を形成します。

経験がないことが怖いというのは、失敗するのが怖いからです。失敗すると、何かを失うかもしれないという思いが湧いてくるものです。いまの「そこそこ満足」な生活すら失うかもしれない。メンツを失うかもしれない……。そう思っている人は、そもそも失敗の定義を見直してください。

失敗は果たして、本当に「失う」だけでしょうか?

生涯に1300もの発明をしたと言われるトーマス・エジソンの有名な言葉があります。「私は失敗したことがない。ただ1万通りの、うまく行かない方法を見つけただけだ」。エジソンだって1万回失敗して、1万1回目に成功したから発明王と呼ばれるまでになれたのです。

ありきたりな言葉かもしれませんが、やらない後悔よりやって反省&前進。失敗とは、「うまくいかないやり方を一つ学ぶ」という「智慧の獲得」でもあるのです。

時間がないから「できない」

時間の「断捨離」をする

人生を変えたい。起業や副業をやりたいと考えているサラリーマンが一歩を踏み出せない最大の理由は「時間がない」ということではないでしょうか。新しくビジネスを始めるは、時間はどうしても必要です。そして、世の中のほとんど全ての人は「時間がない」なかで暮らしています。

では、どうすれば時間をつくることができるのか？

それを説明する前に、1日24時間というものが、どういうパーツでできているかを整理してみましょう。

まず、あなたはどんなことに時間を使っていますか？

「睡眠」「仕事」「食事」、通勤している人なら「通勤」などなど、1日の時間とは、

図3　24時間のパーツ構成

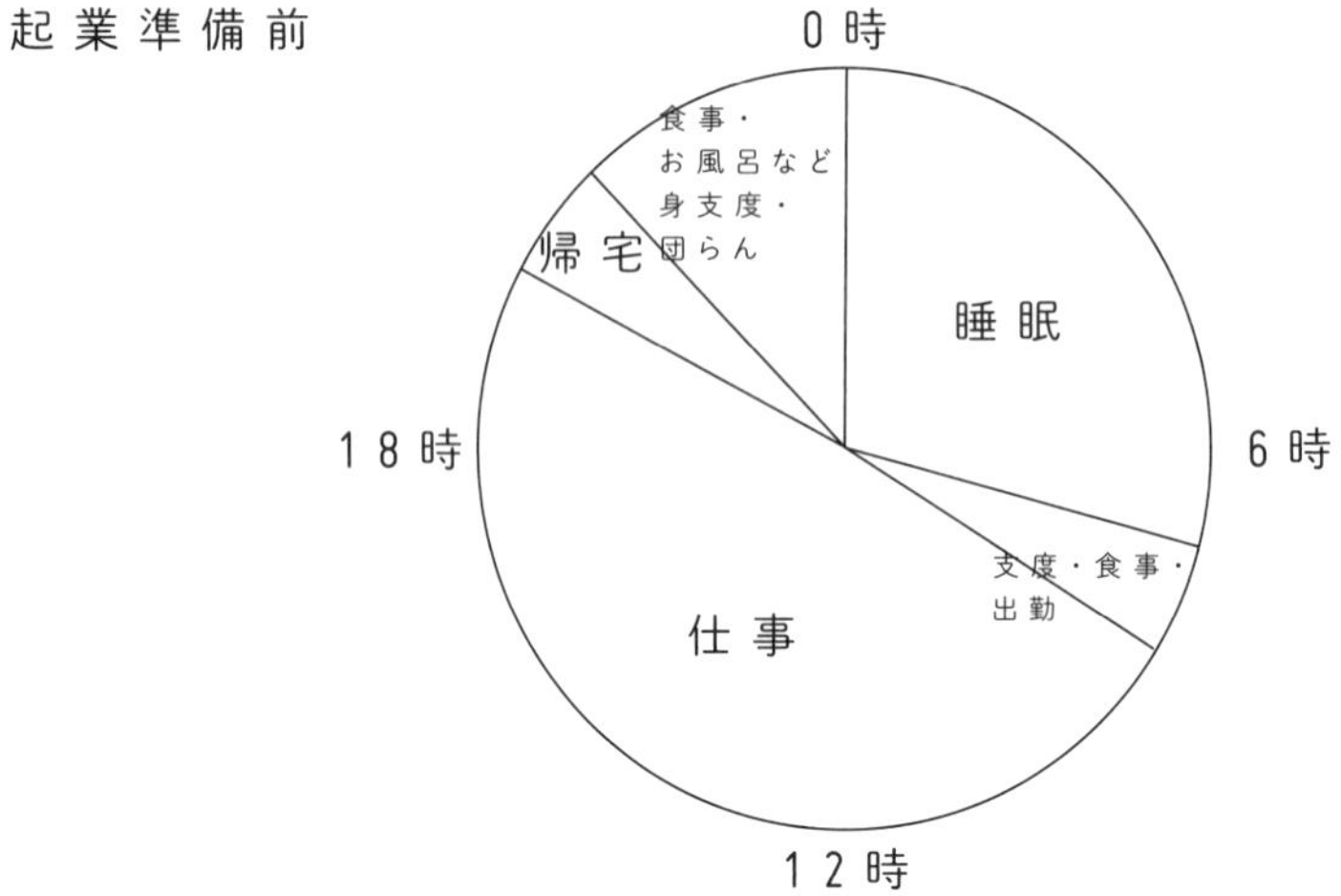

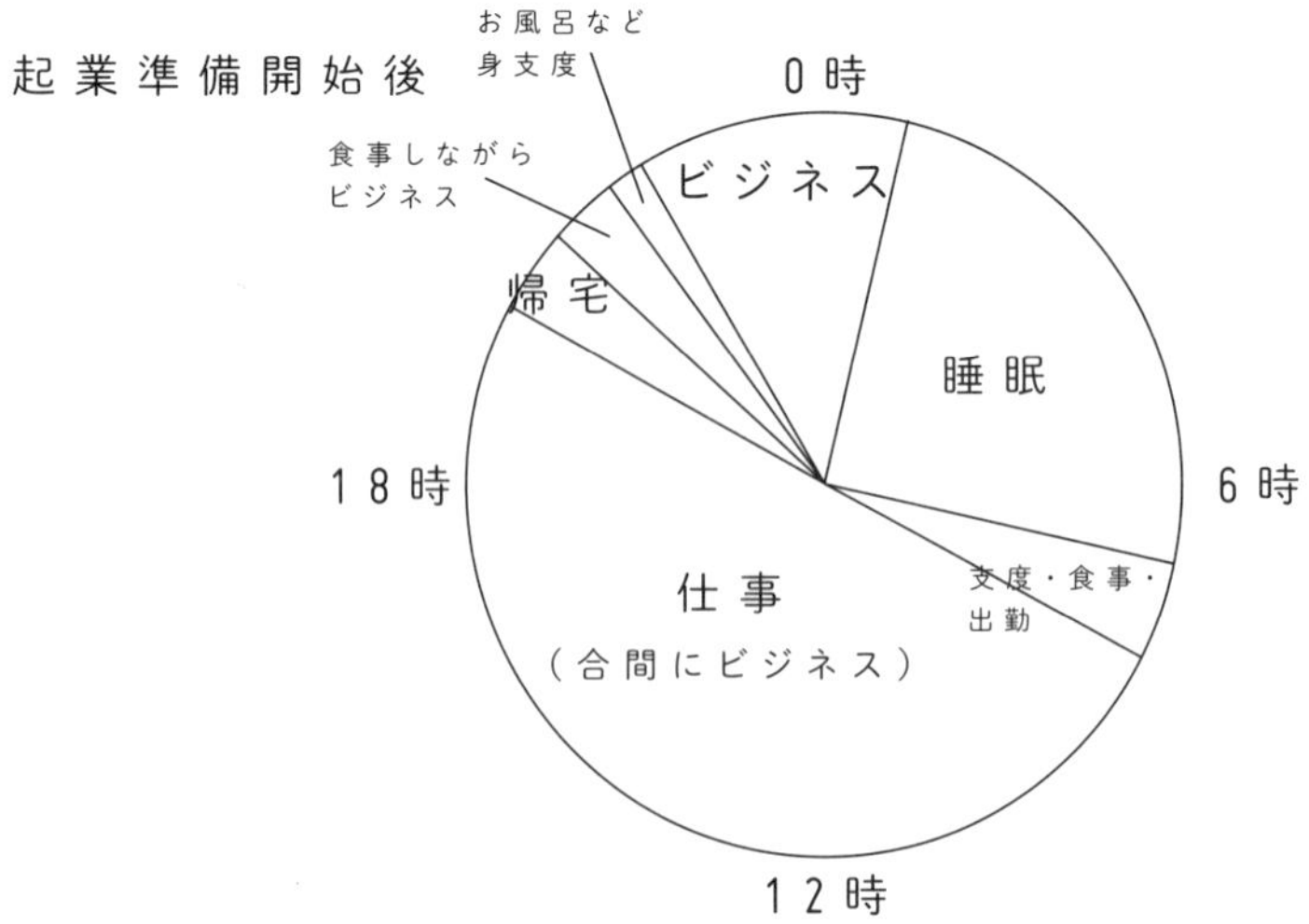

整体師時代の時間の使い方の変化。
起業準備を始めてからは、あらゆる時間をビジネスのための時間にしました。

こうした時間のパーツを埋め込むことで成り立っています。まずはあなたの1日を構成するパーツをぜひ書き出してみてください。

例えば、整体師をやっている頃の僕の1日のパーツは、朝7〜8時は「支度・食事・出勤」。9〜20時までは「仕事」。20〜21時は「帰宅」。21〜24時は、「食事」のほか、お風呂に入ったりテレビを観たりと「のんびりする時間」でできていました。毎日、このルーティンの繰り返しです。

しかし、この**ルーティンを繰り返している限り、ずっとこの状態が続く**ということです。もし人生を変えたいのであれば、このルーティンを変化させなければいけません。新しいことを始めるにも、そのための時間を捻出しなければなりません。

じゃあ、何をどう変えればいいのかというと、さっき書き出した24時間の使い方、**パーツ構成を変える**のです。

具体的な方法は2つあります。**①断捨離と、②効率化**です。

断捨離は無駄な時間をどんどん削ることです。

効率化は作業のスピードアップです。同じことをやるにしても、より早くこなして、空いた時間をつくるのです。

僕は整体師をしながら副業として自分のビジネスを始めたので、先ほど書いたルーティンを断捨離、効率化していき、空いた時間をビジネスに使うようにしました。

僕の場合、睡眠時間は削れないので、それはたっぷり取ったままにしました。

その分、ご飯を食べる時間を30分から15分に短縮したり、食べながら仕事をしていました。

お風呂も時間を短くして、子どもと遊ぶ時間も、副業を始める前は毎日遊んでいましたが、1日おきにしました。見直していくと、かなりの時間を絞りだせます。

効率化も大切ですが、断捨離の効果は桁違いです。

将来にとって無駄なこと、目標に対して無駄なことはどんどん断捨離しましょう。

飲み会、テレビ、マンガ……などの娯楽も断捨離対象。僕は、テレビを見ることも、友人たちと遊ぶこともスッパリ止めました。

最大の断捨離は、「仕事」です。最終的に整体師を辞めたあとは、多くの時間を本当にやりたかったビジネスのために使えるようになったのですから。

いま繰り返している24時間の使い方をもう一度、チェックしてください。必ず無駄があるはずです。

お金がないから「できない」

正しい自己投資とは？

僕は本書でお伝えした以外にもさまざまなセミナーなどを受け、自分のビジネスを成功させるまで、総額で600万〜700万円をかけて、さまざまな人に学びました。決して安くはない金額に驚かれることがありますが、「ムダになるかもしれない……」とは、つゆにも思いませんでした。なぜならば、それを支払うことで得られるものが、確実に理想へ一歩近づけてくれるものだとわかっていたからです。

お金の使い方には3つあり、「浪費」「消費」「投資」がある……という話はみなさん聞いたことがあるかもしれません。無駄なものに使うお金は「浪費」。必要なものに使えば「消費」。将来のリターンをもたらすものに使えば「投資」という考え方です。

もしあなたが毎月20万円稼いでいるとしましょう。生活全般で15万円を使って、5万円が残ったとします。あなたは、この5万円をどう使うでしょうか？

多くの人は、飲みに行ったり、大して欲しくもないものを買ったり、浪費に回してしまいがちです。もしかしたら、壊れた家電を買い直すなど、「消費」に回すかもしれません。

でも、それではお金によってもたらされるリターンは「現状維持」です。せっかくなら、「プラス」のリターンを得るために使うお金が「投資」です。

投資にもいろんなものがあります。株やFXなど、5万円を10万円、20万円に増やすような金融商品に投資してもよいでしょう。

しかし僕は、自分自身の知識やスキルを獲得したり、体験や経験にお金を使う「自己投資」がいちばんだと思っています。**投資して得られた「学び」とは、生涯不動の財産になる**からです。

僕はかなりの金額をビジネスに使ってきましたが、そのうち半分近くは明確なリターンになっていません。セミナーを受けてビジネスの成果が上がらなかったものも少なくありませんでした。

半年で70万円のセミナーを3カ月でやめたこともありますし、100万円かかる3カ月コースのコンサルティングを受けて何も効果がなかったこともあります。

しかし僕は、「無駄なお金」だったとは一切思っていません。もちろん、ビジネスをきっぱり諦めてしまったら無駄になってしまいます。そうではなく、お金を使って得る体験を全てを生かそうと思ったので、ポジティブな体験もネガティブな体験も知識と学びになったのです。

また僕は、起業する前は週に1回、山梨から東京へ行き、経営者の方に会うなどして勉強していました。特急電車で片道4000円近くするので、収入が少ないと少々厳しい出費です。

しかしその出費がなければ、僕の人生はいつまでも変わらなかったでしょう。

お金は無駄に使おうと思えば無駄になってしまいますが、目的次第で投資になります。

この視点は、とても大切です。**使ったお金を「浪費」にするか「投資」にするかは**

自分次第ということです。

セミナーやコンサルティング以外の例でも説明しましょう。

集中して勉強したあと、リフレッシュのためにマッサージを受けたとします。これは投資でしょうか？　浪費でしょうか？

マッサージを受けてすっきりして、また集中して勉強をするならば投資です。

仕事に直接関係ない、ブランド品のアクセサリーなどを買うのも、それによってモチベーションが上がり、仕事がはかどるようになるなら投資です。

その出費が浪費か投資か迷ったときは、それを支払ったことで得られる知識や経験が、理想に近づく一歩になるかどうかを考えてみるといいでしょう。

家族が反対する、家族に迷惑かけたくないから「できない」

楽しんでいる人間は誰にも止められない

家族のことを考えると一歩踏み出せない、という人は少なくないでしょう。僕も最初に、独立したいという話を妻にしたときは反対されました。妻はそれまでの生活に幸せを感じてくれていたのです。僕だけが、「このままじゃいけない」と思っていたのでした。整体師になってからは生活も落ち着き、妻は、「今の生活のどこがいけないの？」と思っていたのではないかと思います。

そのとき僕は、妻に**「その方が家族にとって良い」と何度も説明**しました。夫婦は人生というプロジェクトのパートナーです。仕事と同様に、新規プロジェクトのメリットを示すのです。

しかし、家族はいちばん自分を知ってくれている存在。もしそんな家族に、「あなたには無理」と言われれば自信をなくすものです。

妻は、短期間で何度も転職していた頃のことも、さまざまなビジネスで失敗しているのもそばで見ていていちばんよく知っています。当然、そのときも「いままでダメだったじゃん！」と、言われました。「もうお金がないでしょう」「能力もないのにできるわけない」——いちばん自分を知っている存在だからこそ、「できない」をリアルに突きつけてくるのも家族です。

そう言われると何も言い返せない……という人がいますが、僕はそのたびに、**「だからやるんだ」と伝え続けました**。その「できない」を越えたい。そのために挑戦するのです。そして、その覚悟のほどを何度も伝えました。もしこれでダメだったら道路工事でも夜の仕事でもなんでもする。寝ないで働いて、いままで使った貯金も回復させると約束したのです。

最後は渋々認めてくれましたが、ただし妻が認めてくれたのは、その説明に納得したからではありません。**最大の理由は、僕がどんなときも楽しんでいるのを見ていたからだ**と思います。

僕は、新しいビジネスに出会うたび、いつも「これ楽しそう！」と妻に話していました。失敗ばかりしているのを見ていたのは妻ですが、同時に**常にワクワク楽しそうにしていたのをいちばんよく知っているのも妻**です。そんな僕の姿を見ていた妻は、もう止められないと思ったのでしょう。

妻の根負けといえば、ちょっと語弊がありますが、実際、**楽しんでいる人からその楽しみを取り上げるのは難しい**ことです。

チャレンジは、一歩踏み出すまではあれこれ考えてしまうものですが、一歩踏み出したあとは、失敗も楽しくなります。その失敗がまた学びになることが楽しいからです。子どもの頃を振り返れば、誰でも**「うまくいかないことも楽しんでしまう」**ほど、夢中になった遊びがあるはずです。

自分の意志で、本当に願っていた挑戦に乗り出すとき、人はどんな困難も楽しんでしまうもの。その姿が、何よりも説得材料になるのだと思います。

第5章

人は一人では頑張れない
誰かを応援する幸せ

人は自分の意志でなければ変われない

僕はいま、コミュニティのパートナーのみんなとビジネスセミナーを多く運営しています。

セミナーは決して安くはありません。だから、それに見合う価値を提供するのは僕の義務であり責任です。スクールに通ってくれる生徒は、一人ひとり価値観が違い、それぞれ目標も違います。学びの度合いも、学び方も違います。画一的な指導では、その生徒が望む変化を提供できません。

そのため僕は、パートナーたちといっしょに、一人ひとりのニーズに合わせることをテーマにしています。人によっては、一方通行で教えるほうが伸びる人もいます。逆に、寄り添って疑問やわからないことを聞き出しながら、その答えを自分で見つけるよう促すほうが伸びる人もいます。

これはどういうことかというと、コンサルティングとコーチングの違いです。ある知識を教えるというのはコンサルティングです。実行すれば結果が出ますよ、ということを伝え、そのやり方も教えます。さらに言えば、やるかやらないかは、教えられる側の判断によります。

これに対してコーチングは、その人が自らの力で目標までたどり着けるよう、可能性を引き出すのが役割です。僕が行うのは、新しい気づきを与えたり、視点を増やしたり、選択肢を増やすこと。何かを一方的に指導はしません。生徒自身が、自ら主体性を持って、行動を選択して実現するのを支援します。そして、多くの人は、これによって本当に大きく伸びるのです。

その理由は、**人は人に言われるだけでは自発的に動けない**から。人はあくまでも、自身の内的欲求によってのみ、大きく変わることができるのです。

だから、一人ひとりの状況や特性をきちんと見極め、その人の歩みに寄り添う必要があります。「これが俺流だ！」と言わんばかりの教え方をしている人もいます。それで成功する人もいるでしょう。それは、もともとそういう学び方ややり方が合う人だったというだけです。

もしあなたが、これまでそうしたセミナーなどに参加してうまくいかなかった場合、自分を責める必要はありません。得意な学び方が違うだけなのですから。

僕がいまセミナーなどでしているコーチングという手法にたどり着けたのは、整体師だったときの経験があったからだと思っています。

生徒さんのニーズや悩みを聞いて、その人が何を思い、何を必要としているかを理解して、その人の可能性を引き上げるために、適切な働きかけを行う……。これは、整体師をやっているときに実践していたことです。

実は僕は、他人に何かを教えるということがそんなに好きではありません。どうしても自分が上段に立つような意識になってしまって居心地が悪いのです。生徒さんたちの中には、僕よりたくさんの経験をされ、稼ぐ能力もあり、僕の知らない知識を持っている人が大勢います。生徒さんのほうから学ぶこともたくさんあるのです。互いに思いっきり刺激を与え合う楽しい場を作ること。そうして、一人ひとりが可能性を広げ、自ら楽しみながらビジネスを拡大していける場。そんな場を作っていきたいと思って運営しています。

いまでは、本当にたくさんのサクセスストーリーが生まれるようになりました。その一つひとつが珠玉で、僕はその物語に触れることが、本当に楽しいのです。

いくつかのストーリーをみなさんにもシェアしたいのですが、まずは何千人という人を見てきた中で気づいた、「伸びる人」の共通点をお伝えしましょう。

成長する人の条件

成功を手にするために必要なことは、最初の一歩を踏み出すことです。それがなければ何も始まりません。

その後しっかり成功する人には、いくつか共通する資質があります。

ここでは、僕自身の経験と、僕の教え子たちを見て気づいた成功する人に共通する資質をご紹介します。しかし、ここに書かれた資質は「誰でも」獲得できるものです。

覚悟がある人

まず、覚悟です。

絶対に変わるんだという強い決意のある人です。覚悟を決めたら、困難さえも楽しくなります。

前章で説明したとおり、覚悟を決める手っ取り早い方法は、退路を断つことです。僕の場合は、整体師を辞めた後は収入がなくなると自分を追い込みました。つまり、実際に辞めるまでの間に結果を出さなければならないという状況に自分を置いたのです。**頭が良い、才能がある、能力があるというのは、ハッキリ言って二の次。人間は、覚悟を決めれば、思っていた以上の力を発揮する生き物**です。

他人のせいにしない人

あなたのふだんの愚痴を点検してみてください。

「あいつはわかっていない」「あいつは話を聞かない」「あいつは何もやらない」――さて、主語は誰でしょうか？

主語が自分以外のほかの誰かにあるとき、それはその人のせいにしています。では、あなたは本当にその状態を改善できないのでしょうか？　愚痴を話しているとき、あなたは自分を無力扱いしていることに気づいてください。

「俺はやっているのに、何言ってんだ！」

そう思う人もいることでしょう。

もし、本当に十分な努力をしたけれど、自分の力が及ばなかったなら、誰かのせいにするでしょうか？

会社を辞めてビジネスを始めたら、全て自己責任の世界です。最初から最後まで自分で判断するわけですから、失敗したら自分の責任です。素直に、自分が至らなかったことを認め、改善点を探し出し、実行することが求められます。

「そんなのしんどいよ」と思うかもしれません。しかし、**「何の責任も伴わない仕事」というのは楽ではあっても、やりがいをどれほど感じられるでしょうか。**

緊張感もなければ、何かミスをしても責められることもないでしょう。一方で、気持ち的にも逃げが許されてしまうでしょうし、逆に成功したとしても喜びは、あまり感じられないかもしれません。

責任とは、重たいものであるがゆえに、よりモチベーションに火を付けてくれるものでもあります。少々の困難があっても乗り越えようとする気力や、諦めない力が湧き上がってきます。だから、普段以上の力を発揮して私たちに感動を与えてくれるものだと思うのです。

責任が「受け身」の状態になると、きっと途端に押しつぶされそうになります。行き詰まったり、逃げたくなったりして、回避したくなります。目を背けたくなります。**責任を負うのが辛いという方は人生に対して受け身、後ろ向きになっているとき**ではないでしょうか？

責任とは、モチベーション、やる気を高めてくれるもの。やりがいをもたらしてくれるもの、自分が思う以上の力を発揮させてくれるもの、誰かの役に立てるもの……。そんな素敵なものです。

素直な人、謙虚な人

「謙虚であれ」とはよく言われますが、実際にどういうことなのでしょうか？

「なぜ謙虚にしているのに、評価されないんだ」

あなたは仕事で、そんな思いをしたことはありませんか？


実は謙虚には、評価される謙虚さと評価されない謙虚さがあります。

謙虚さは、あらゆる問題の解決に欠かせません。

例えば、「意見が言えない」という問題を抱えている人はとても多いですが、この場合、「謙虚さ」とは、「こういう自分はダメだ」と思うこととは違います。

「何か原因があるはずだから、それを理解して解決していこう」というオープンさが「謙虚さ」。**「理解できていないことを理解したい」という向上心が「謙虚さ」**です。

全ての人間は発展途上。つまり、誰にでも「知らないこと」「わからないこと」「できないこと」があり、誰もが失敗や間違いを犯すものです。そのとき、もし「謙虚」

であるならば、そこから学ぼうとするでしょう。「なぜこうなったのか」と考え、「今後はどうすればいいか」を決めて実行する。

もし「自責」「自罰」「無価値感」があると、失敗から学べません。失敗や間違いをしたこと自体に囚《とら》われて、「失敗した自分は情けない存在だ」と考えるでしょう。

特に、新しいこと、知らないことを始めるときは重要です。多くの人は、新しいこと、知らないことに初めてトライするとき、自分のそれまでの経験や価値観で判断して、大事なことが見えなくなる傾向にあります。

例えば、成功している人の話を聞いて、「わかるんですが……」「~けど」などと言う人は危ないと思っています。謙虚に受け入れなければ、自己点検ができません。**成功している人は見えている視野の大きさが違います。**自分の想像だけで考えたことは、足かせにしかならないということがあります。学習に対してオープンであることが、謙虚であるということです。

行動する人

「食わず嫌い」という言葉がありますが、食べてみなければおいしいかどうかはわかりません。極端な例ですが、日本では昆虫食はレアで、あってもイナゴくらいのものですが、文化によっては昆虫を日常的に食べるところがあります。

確かに、昆虫を食べるのは勇気がいります。しかし、食べる前から「まずい！」と決めてしまうのはいけません。

「行動できない人」というのは、何かをする前から「これをやることにどんな意味があるのか？」「やっても意味ない」「自分には無理だ」と決めつけてしまいます。

しかしそれは、**自分で決めた自分の限界**です。つまり、**「やらない」と自分で決めているだけ**です。その自分の無意識の決断に、気づいてみてください。

なお、中にはセミナーなどを受講して「良い勉強になった！」と言うだけで終わる人がいます。それは「やった気になっている」だけです。学びを得ても、何もしなければ、自分に何かが返ってくることはありません。学んだことはやってみる。それが基本です。

気づきのある人

さて、無意識の決断に気づけ、と書きましたが、どんな瞬間にも学びを見つけられます。アンテナ感度を高く保ち、あらゆる瞬間に潜む学びに気づき、素直に学んでいける人は、どんどん成功します。

人生には、さまざまな困難が待ち受けています。プロジェクトがうまくいかない、上司との言葉のすれ違い。大きいものでは、リストラや借金、病気、離婚……挙げれば枚挙にいとまがありません。

しかしこうした困難は、大切な何かを教えてくれる「教師」のようなものです。

僕の場合は、独立しても会社員時代と同じ問題が起きるということに気づいたことが、大きな転機になりました。

人生、あらゆる出来事に意味があり、何かを気づかせるという目的があって起きている必然です。学ぶべきことを学んで成長したとき、その困難は消えていきます。自分の器が広がるからです。つまり「十分できている」「頑張っている」と言いながら、「なのに……」と言うことはあり得ない。「十分できている」「頑張っている」なら、その困難は消えて、「よくやった！」と言えるはずだからです。

気づきがある人というのは、**自分のことも状況も客観的に見ています。**余計なジャッジを挟まず、状況を事実でもって観測しています。自分と、自分が置かれている状況を客観的に見ることで、さまざまな気づきがあり、向上することができます。

以上の資質を紹介しましたが、いま足りないからといっても心配することはありません。これを読んだこと自体を気づきに変え、謙虚に学びを吸収し、自分の人生に責任を持って、いまこの瞬間から行動する。そう決意すればよいのです。

人の喜びが自分の喜びに変わる

ネットワークビジネスに挑戦してうまくいかず、インターネットビジネスでも結果を出せず、何をやってもダメだった僕が2年で年商3億8000万円を超える収益を上げられるようになりました。

いまビジネスを始めて本当によかったと思うのは、**他人に与える喜びを知ったこと**です。僕がビジネスを教えている人たちが成長して、どんどんビジネスで成功を収め、それぞれ自由で自分らしい幸せを楽しんでいるのを見ると、とても幸せです。

自分の事業としてコンサルティングやセミナー、スクールを運営しているので、それに参加していただく際は対価をいただきます。

しかしその後、生徒たち自身がビジネスでいくら稼ごうと、僕が直接儲かるわけではありません。でも、彼や彼女たちが成長していく姿を見るのが、とても楽しくて、どんどん応援したくなるのです。

いろんな方がいますが、彼ら一人ひとりにストーリーがあります。そのストーリーに、僕はいつも大きな感動をもらっています。

いくつか彼らのエピソードを紹介しましょう。

プロポーズのために変わりたい！ 20代男性

あるときスクールで、なかなか手のかかる男性の生徒さんがいました。

とても人の良い人なのですが、珍しいほど、学びの吸収が鈍いのです。質問もよくしてくださるのですが、トンチンカンな内容も多く、どう説明したら理解してもらえるのか、僕もかなり悩みました。

その男性に、なぜ僕のスクールに入ったのかを尋ねると、「彼女にプロポーズするため」と言うのです。「いまの稼ぎだけでは彼女を幸せにできない。副業で稼いで、彼女を幸せにしたい」と言うのです。

その思いの強さはとても強く、きっと本人にとってもなかなか成長できず苦しいことも多かったと思うのですが、折れずに食らいついてきていました。

すると、はじめはほとんど実績が出なかったのですが、3カ月後、20万円ほど稼げるようになったのです！

その20万円を稼ぎ出したその月、彼は思い切ってプロポーズをしました。自信もつけて、きっと男ぶりに拍車もかかっていたことでしょう。無事にプロポーズは成功したそうです。愛の力はすごい！　と、僕も感動しました。


ただ、この話はここで終わりません。この男性はもともと脱サラするつもりはなく、「あくまで副業で」と思っていたのですが、自信がついたことで、起業に挑戦することにしたのです。

彼のように、どんどんレベルアップしていく姿を見るのはとても嬉しいものですね。そんな環境を用意していくことが、僕にとっていまのやりがいになっています。

「ちょっとした贅沢」がすごく楽しみ！　な、20代女性

こうした話はほかにもいっぱいあるのですが、もう一つご紹介しましょう。

20代の女性で、中学校の理科の先生をしている人の話です。

彼女は、いつも熱心にセミナーを受講していました。とても真剣に受講してくれるので気になっていろいろ話を聞いてみると、別にお金に困ってるわけではないと言うのです。では、何のためかというと、ちょっとしたお小遣い稼ぎ。5万円でも入れば十分で、それでちょっとした贅沢ができれば嬉しいと言うのです。

実はそのちょっと前、初めて月に1万円の利益を出したそうで、そのお金でネイルサロンへ行ってきたそうです。そして嬉しそうに指の爪を見せてくれました。ネイルは4000円。残りでおいしいものを食べたそうです。

そうした「ちょっとした贅沢」が、すごく楽しみなのだと話していました。

そんな彼女の嬉しそうな顔を見ていると、僕まですごく幸せな気持ちになりました。

以来彼女は、「次に3万円稼いだら○○を買う」「次に5万円稼いだら△△をする」と、一つずつ目標を教えてくれ、そのたびに叶えていきました。先日は、「10万円稼いだら中古のバイクを買う！」と言って、いま頑張っています。

それはもしかしたら「ささやかな」幸せかもしれません。しかし、その喜びは値段で表せるものではありません。無限に大きな喜びをもらっているのは、僕のほうだと思いました。

人生が変わった　それぞれのストーリー

ほかにも、次々人生を180度好転させていく方々がいます。

よりよい人生を歩み始め、いきいきしているみなさんを見るとき、僕は「生きていてよかったな」と思うほどです。

そんな彼らのストーリーをいくつかご紹介しましょう。

事業に失敗！　ホームレスから起死回生を果たした20代男性

20代にしてすでに会社社長として活躍していた男性のお話です。その当時、彼は事業に失敗し、1500万円の負債を抱えていました。

なにがあったかというと、彼はオーナーから会社を任されたかたちで社長となったそうですが、オーナーとの間にいざこざが起きてしまい、オーナーから借りていた家を追われ、着の身着のままで北海道から東京へ来たというのです。

彼の持ち物は、キャリーバッグ1つだけ。

たまに僕の事務所に寝泊まりをしていましたが、家も借りられず、24時間営業のファーストフード店に寝泊まりしており、まさにホームレス状態でした。


そんな彼は物販ビジネスを学んでいましたが、すぐさま月収60万円を達成。スクール事業にも参画してくれるようになり、1年経った頃には月収300万円を達成していました。

住まいもホームレスからタワーマンションに。いまでは悠々自適に楽しく過ごしているようで、まさに人生大逆転！　その様子を間近で見ながら、僕も勇気をもらいました。

50歳目前で人生の面舵いっぱい！ 新たな成功を掴み取った元・会社経営者の男性

もともとアパレル企業を経営していた男性のお話です。出会ったときは47歳。インターネットによってアパレル業界も転換期を迎えており、彼の会社は年商5000万円ほどありましたが、時代の波にあおられて倒産。家族とも離婚し、借金4000万円を一人で抱えて、住むところもないホームレス状態になって、僕のところに来てくれたのでした。

アパレル一筋で頑張ってこられた方が、なぜここへきてインターネットビジネスに興味を持たれたのか？

聞けば、顧客がどんどんネットに流れていることから、「今後インターネットビジネスはますます加速するだろう」と踏んで、インターネットビジネスに興味を持ったのがきっかけだったそうです。

そんな彼は物販ビジネスから始めましたが、最初の2カ月くらいは大きな成果はあげられず、半年たって50万～80万を稼ぐようになりました。

しかしすごいのはここから。

彼は、もともと営業力が高く、チームの営業として活躍し始めると、ぐんぐん成長して5カ月目くらいにはおよそ月収200万円に。1年間での最高月収が500万円だったこともありました。

借金も返済し、いま再びいきいきと仕事しています。

人生の大切なものが変わった一匹狼だった20代男性

また、生き方が変わっていった男性もいます。

30代を目前に脱サラしたある男性は、僕のコミュニティに参加する前から一人でビジネスをしていました。

その時点ですでに月収は40万円越え。しかしもっと稼げるようになりたいと、僕の物販ビジネスのスクールに参加してくれていました。

彼から誘われて一緒に食事をしたのをきっかけに、少しずつ深い話をするようになりましたが、話してわかったのは、彼が「売れればなんでもいいでしょ」というスタンスでいること。お客さまに喜んでもらいたいというようなことより、自分の売上にさえなればいいと考えるタイプでした。

しかし僕のスタンスは逆です。僕は「みんなで一緒に」「仲間と共に」というスタンス。自分さえよければという考え方で一人でビジネスをしていても、すぐに天井にぶつかってしまうと思っています。

「そんなスタンスで大丈夫かな？　周りから人がいなくなっちゃうよ」

一緒に食事するとき、彼にはよくそう話していました。

彼がスクール事業も手伝ってくれるようになってから、彼の月収は１００万円を超えるようになりました。そのときも彼は一匹狼スタイルで仕事を進めていました。

しかしスクールビジネスを通じて、一緒に過ごす時間が増えていく中で、彼の中で少しずつ変化が見えるようになっていきました。

僕と一緒に「チームとして働く」という経験を重ねるうち、彼は「お客さまに喜んでもらえることは？」「仲間みんなが喜ぶかたちはなにか？」ということを考えるようになっていったのです。

その結果、もともと優秀だった彼はさらに成長して、いまでは安定して月収200万～300万円を得ています。

「いまのほうが稼げるうえに、なにより仕事をしていてはるかに楽しい」と話してくれた彼の笑顔がとても嬉しかったです。

彼らのように、最高の人生をつくっている方々の様子を見ていると、「この仕事をしていてよかった」と心から思います。

自分らしい自由な人生を掴み取ろうとする人たちを後押しできるよう、僕自身ももっと頑張らねばと思っています。

Ｗｉｎ－Ｗｉｎでなくていい

僕はコミュニティを運営して、仲間みんなでビジネスをしています。コミュニティに参加してくれている一人ひとりがビジネスパートナー。それぞれとＷｉｎ－Ｗｉｎをつくるのが、ビジネスの大原則です。

しかし僕は、必ずしもＷｉｎ－Ｗｉｎではなく、Ｌｏｓｅ－Ｗｉｎでも構わないと思っています。もちろん、僕が「Ｌｏｓｅ」です。

彼らが届けてくれる成功の物語だけでも幸せという対価を得ています。しかしそれ以上に、相手が喜んでくれたり、幸せになってくれることが、結果的に何かお金にはかえられない大きなものになって返ってくるからです。

それは、信頼かもしれませんし、何か新しいビジネスチャンスかもしれません。お金では買えないもの。そんなものを僕はもらっています。

それは、無限に広がる自由への切符です。**僕一人では決して手にできない自由な可能性をもらっている**のです。だからすぐにＷｉｎ‐Ｗｉｎにならなくてもいいのです。

自分を変えて、自由を求め続けてきましたが、その先にあったのは、僕の想像を越える自由でした。わくわくが止まらないいまの毎日に、僕はいつ死んだとしても、笑って満足できると思います。

おわりに

目の前の一つひとつに集中すること。結果が出ない毎日も、楽しんでしまうこと。目の前の「楽しい」に一生懸命になること。そうすれば、あるとき必ず一つひとつの点が線になり、ブレイクスルーがやってきます。

これは、僕が第1章でみなさんにお伝えしたことです。

たくさんの「〜だからできない」が足かせになって、人生を変えたい気持ちがあっても、なかなかチャレンジできていないという人は少なくありません。

そうした方々に向けて僕がこの本を通じて最も伝えたかったことは、**「興味があればまずはやってみる」**という、チャレンジする心です。向上心と言い換えてもいいかもしれません。それは誰にでもあるものですが、何かの思いが邪魔をして、表に出てこられないのです。

それがさまざまな「〜だからできない」です。中でも最も大きなものは「失敗を恐れる心」です。

しかし**失敗を恐れてチャレンジしなければ、現状維持しかありません。**現状を変えたいという悩みはいつまで経っても解決しないということになります。**それなのに、現状を嘆くことに、何の意味があるのでしょうか？**　ある日突然、お金や時間、才能や人脈が降ってきて、あなたの人生が変わる……そんな魔法を待っているのでしょうか？

やらない後悔より、やって反省＆前進。その歩み一つひとつが、必ずより良い明日につながっていく。そう信じることが大切です。

人生に標識なし、という話をしましたが、自分の求めるものがわかっていないと、前進ではなく、迷走になりかねません。

そこでみなさんに考えてもらいたいのは、**「どんなふうに死にたいか」**です。

本書に書いたとおり、僕の父は急に亡くなりました。また母から聞いたのですが、僕は、生まれてすぐ、小児喘息《ぜんそく》で「18歳まで生きられない」と、医者から告げられたそうです。しかし奇跡的に助かって、いまの僕がここにいます。

首の骨を折ったときも命は助かりましたが、一時的に手足が動かなくなるという経験をしました。

僕は何度か、当たり前にあったものがあっさり失われる体験、失われてしまうかもしれない経験をしました。そうして、当たり前にある日常が当たり前でないとわかったとき、「それまで自分がやってきたことに悔いはないか？」ということについて、まざまざと考えさせられたのです。

「もしいま死んだとしても満足できるのか？」なかなか日常でそうしたイメージを湧かせるのは難しいことです。人はいつ死ぬかわかりません。一歩を踏み出してチャレンジを始めたとしても次の日、事故に巻き込まれて死んでしまうかもしれないのです。だから、いま、この一瞬にしっかり集中すること。この瞬間、やりたいことをやっていること。この一瞬を楽しむこと。その一瞬の「点」が何になるかは、わかりません。繰り返しますが、次の瞬間に生を終えてしまうかもしれないのですから！

しかし、その**「点」一つの瞬間を思い切り自由に楽しんでいれば、次の瞬間死んでも悔いは残らないはず**です。

そうして魂を込めた一瞬が連なって、一つの大きな線にできるのです。

現在を意味付けすることはできません。結局、過去を振り返ったときに、意味付けをするしかないのです。点をつなぎ合わせるのは自分です。人は勝手なもので、「いま」が良いなら、過去も良い意味付けをします。「いま」が悪ければ、過去を呪うものなのです。

僕にとって、抑圧された子ども時代、辛かった会社員時代は、当初は全くもって辛いだけの出来事でした。しかし、それがなければ整体師になったときの気づきはなかったでしょう。整体師になっていなければ、いま生徒一人ひとりに寄り添う実力はなかったでしょう。どんな瞬間にもムダはなかったのだと言えるのは、「いま、この瞬間」を目一杯生きて楽しんでいるからです。**本気だから達成感を感じる**のです。

あなたは、自分の過去に、どんな意味付けをしたいですか？　過去に良い意味付けをするには、「いま」が良くしなければなりません。そして、「未来」を変えるには、いまこの瞬間を納得いくものにしなければならないのです。

だから**あなたは、この瞬間から未来も過去も変えられます。決意一つなのです。**

本書を通じて、何度も問いかけましたが、最後にいま一度問いかけましょう。

――**あなたは、本当にいまのままで良いのですか？**

僕は、死ぬ最後の瞬間まで楽しみたい。それが僕のいちばんの軸です。そしてたくさんの人と「楽しみ」を共有して、その輪を広げていきたい。本書が、あなたの「楽しい」を生み出すものになっていたらとても嬉しいですし、一緒にこの「楽しい」を広げていけたらそれ以上の喜びはありません。

もし、自分の人生を楽しい方向に変えていきたいなら、ぜひその一歩を踏み出してみませんか？

令和元年6月

宮下大和

宮下大和　みやした・やまと

山梨県生まれ。実業家。起業家育成・自立支援を行う。22歳で大学を卒業し、就職するも挫折を味わい、1年半で2度の転職。その後、整体師として起業するが、体力的にも金銭的にも将来が不安になり、副業でネットワークビジネス（MLM）やアフィリエイトなどさまざまなビジネスに挑戦。しかし、何をやっても大きな成果につながらず、再び挫折。
その後、SNSやユーチューブなどのメディアを通して、インターネットを活用して起業する方法を配信したことを転機に、ビジネスや投資に関するノウハウを提供するコミュニティを複数創設。会社設立1期目で年商2800万、2期目で年商3億8000万を達成。現在では、1年目から年収1000万以上の教え子を多数輩出し、会社や仕事場所に縛られない自由なライフスタイルを提供している。

FACEBOOK

YOUTUBE

INSTAGRAM

WEBSITE

POSITIVE SHIFT
最高の人生のつくり方

2019年 6月21日　初版発行

著　者　宮下大和
発行者　野村直克
発行所　総合法令出版株式会社
〒103-0001 東京都中央区日本橋小伝馬町 15-18
ユニゾ小伝馬町ビル 9階
電話　03-5623-5121
印刷・製本　中央精版印刷株式会社

落丁・乱丁本はお取替えいたします。

ISBN 978-4-86280-688-8
総合法令出版ホームページ　http://www.horei.com/